Robinsonnade et antirobinsonna

Souhaïla Lakbakbi El Yaagoubi

Robinsonnade et antirobinsonnade ou la transmutation de l'utopie

De l'utopie rationaliste à l'utopie esthétique Préface du Pr. Abdelghani EL HIMANI

Éditions universitaires européennes

Impressum / Mentions légales

Bibliografische Information der Deutschen Nationalbibliothek: Die Deutsche Nationalbibliothek verzeichnet diese Publikation in der Deutschen Nationalbibliografie; detaillierte bibliografische Daten sind im Internet über http://dnb.d-nb.de abrufbar.
Alle in diesem Buch genannten Marken und Produktnamen unterliegen warenzeichen-, marken- oder patentrechtlichem Schutz bzw. sind Warenzeichen oder eingetragene Warenzeichen der jeweiligen Inhaber. Die Wiedergabe von Marken, Produktnamen, Gebrauchsnamen, Handelsnamen, Warenbezeichnungen u.s.w. in diesem Werk berechtigt auch ohne besondere Kennzeichnung nicht zu der Annahme, dass solche Namen im Sinne der Warenzeichen- und Markenschutzgesetzgebung als frei zu betrachten wären und daher von jedermann benutzt werden dürften.

Information bibliographique publiée par la Deutsche Nationalbibliothek: La Deutsche Nationalbibliothek inscrit cette publication à la Deutsche Nationalbibliografie; des données bibliographiques détaillées sont disponibles sur internet à l'adresse http://dnb.d-nb.de.
Toutes marques et noms de produits mentionnés dans ce livre demeurent sous la protection des marques, des marques déposées et des brevets, et sont des marques ou des marques déposées de leurs détenteurs respectifs. L'utilisation des marques, noms de produits, noms communs, noms commerciaux, descriptions de produits, etc, même sans qu'ils soient mentionnés de façon particulière dans ce livre ne signifie en aucune façon que ces noms peuvent être utilisés sans restriction à l'égard de la législation pour la protection des marques et des marques déposées et pourraient donc être utilisés par quiconque.

Coverbild / Photo de couverture: www.ingimage.com

Verlag / Editeur:
Éditions universitaires européennes
ist ein Imprint der / est une marque déposée de
OmniScriptum GmbH & Co. KG
Heinrich-Böcking-Str. 6-8, 66121 Saarbrücken, Deutschland / Allemagne
Email: info@editions-ue.com

Herstellung: siehe letzte Seite /
Impression: voir la dernière page
ISBN: 978-3-8417-8287-8

De la robinsonnade à l'antirobinsonnade ou la transmutation de l'utopie

Souhaïla

LAKBAKBI EL YAAGOUBI

Remerciements

Je souhaiterais manifester ma reconnaissance, tout particulièrement à Monsieur le Professeur Abdelghani El Himani. D'une part, pour m'avoir donné l'opportunité de participer à ce projet. Ce projet qui a développé en moi une capacité de recherche et d'adaptation. D'autre part, d'avoir accepté d'être mon encadreur, avec un suivi constant et un intérêt démontré tout au long de mon travail. Je le remercie de l'effort fourni, des conseils prodigués, de sa patience et de sa persévérance.

Je remercie très sincèrement, les membres de jury d'avoir bien voulu accepter de lire et d'évaluer mon travail.

Je remercie, de même, tout le personnel enseignant, du Master **Représentations du monde : Arts et Littérature** qui ont participé à ma formation surtout Messieurs les professeurs Hassan Chafik et Radouane Acharfi.

Tous les parents, connaissances et ami(e)s qui m'ont été d'un soutien moral tout au long de ma formation, surtout M. Moulay Mehdi El Moutaouakil et ma très chère amie Hasnae El Arej.

A mes amis Jordaniens Laïth Ibrahim et Abdelrahman Eid Salem Alnatsheh.

A tous les étudiants du Master : Représentations du monde : Arts et Littérature de la promotion 2013.

A toute personne qui a participé de près ou de loin à l'accomplissement de ce modeste travail.

Que tous ceux qui m'ont aidée, de près ou de loin, trouvent ici l'expression de ma gratitude.

Dédicace

A Dieu Le Tout Miséricordieux,

Ton amour, Ta miséricorde et Tes grâces à mon endroit m'ont fortifiée dans

la persévérance et l'ardeur au travail.

A Mes parents,

En vous, je vois des parents dévoués, des parents parfaits, toujours prêts à

se sacrifier pour le

bonheur de leurs enfants. Votre présence en toute

circonstance m'a maintes fois rappelé

le sens de la responsabilité.

Merci pour tout.

A Ma Grand-Mère maternelle,

ton amour et ta sollicitude à mon égard me marqueront à jamais.

A mon oncle et mes tantes maternels, mes frères Youssef et Ayoub et ma

sœur Kaoutar, pour

qui, je le sais, ma réussite est très importante.

Que Dieu vous récompense

pour tous vos bienfaits.

Préface

Pr. Abdelghani EL HIMANI

La robinsonnade n'est point un simple genre littéraire ; elle ne peut être reléguée, non plus, à un simple éloge de l'aventure coloniale. Elle est surtout une recréation de l'univers, une réinvention de soi et de son univers, avec un passage obligé, du héros ou des héros, par une quête initiatique de première importance. C'est une recréation *ex nihilo* de la civilisation, avec, parfois, une intervention du hasard ou de la Providence qui apporte au Robinson ou aux Robinsons une salvatrice et inespérée.

L'extraordinaire succès que connaît le roman de Daniel Defoe, *Robinson Crusoé*, n'a d'égal que la postériorité dont ce même roman, transformé en un genre, va disposer tout au long du 19ème siècle. De plus de sa traduction dans toutes les langues, il inspire, à des auteurs différents, des Robinsons de diverses nationalités. Il devient source et manuel d'éducation des jeunes Européens qui devaient dorénavant s'inspirer des géniales prouesses que le héros a pu réaliser, en dépit de son dénuement, de sa solitude et de son naufrage sur une île déserte et *a priori* mal accueillante. Robinson devient même une sorte de héros culturel, fondateur d'une tradition nouvelle, pour ne pas dire d'une civilisation nouvelle.

En effet, dans toute robinsonnade qui se respecte, nous assistons à une sorte de genèse civilisationnelle durant laquelle le héros robinsonien ou les

5

héros robinsoniens se livrent au jeu sérieux de la création, inspirée en cela par une idéologie libérale – je pense ici à la catégorisation de l'utopie, chère à Mannheim. Il s'agit, en fait, de « la seconde forme d'utopie que retient Mannheim [qui] est l'utopie libérale-humanitaire. Elle est principalement fondée sur la confiance dans le pouvoir de la pensée conçue comme processus d'éducation et d'information. Elle s'oppose à l'ordre existant au nom d'une idée »[1]. Elle crée toute une civilisation, censée être meilleure, grâce à sublimation des instincts humains en forces de travail. La Robinsonnade partage avec l'utopie la mise en place d'un programme, susceptible de recevoir une application dans la réalité quotidienne. Nous pouvons ainsi affirmer d'ores et déjà que l'intentionnalité utopique existe dans un tel récit.

En effet, dans la robinsonnade, il ne s'agit nullement d'une pure volonté d'évasion dans une île excentrique, échappant encore aux prises de l'industrialisation. Il y est bien question d'une réelle entreprise animée par la volonté de reproduire exactement – et même, souvent, avec des améliorations notoires – la société dans laquelle vivait le personnage exilé sur cette île. Cette recréation prend l'allure d'une utopie dans la mesure où ce même personnage fait subir à la virginité de l'île des modifications qui l'intègrent dans les moules d'une vision du monde, jugée meilleure voire même supérieure.

Par ailleurs, nous pourrons avancer qu'aussi bien le personnage robinsonien que celui utopien sont en quête effrénée d'un monde résolument meilleur et sur lequel ils veulent avoir prise, qu'ils peuvent aisément contrôler au moyen de la raison et de la science. Même le caractère souvent « individualiste » du héros de la robinsonnade n'ouvre pas de brèche dans ce rapprochement puisque, dès *Robinson Crusoé* de Defoe, il s'avère que le héros culturel construit sa civilisation « nouvelle » en vue de recevoir une communauté qui

---

[1] Paul Ricœur, *L'Idéologie et l'Utopie*, p. 365.

pourrait venir par la suite et qu'il pourrait gouverner selon les lois rationnelles de la science. Le communautarisme, propre à l'utopie, est également présent dans des robinsonnades du 19ᵉᵐᵉ siècle, comme c'est le cas dans certaines œuvres de Jules Verne.

Aussi bien la robinsonnade que l'utopie semblent proposer un modèle exemplaire fondé sur une certaine rationalité reconnue et avérée de l'ordre établi, avec une détermination consciente d'agir sur le monde « [où] se préfigure et se travaille un ordre social, domestique ou économique »[2].

Mais si l'utopie a généré son pendant la dystopie qui vient s'opposer à elle ou, dans certains cas, la continuer, la robinsonnade n'a point dérogé à la règle en donnant naissance à un genre assez différent mais qui épouse souvent les mêmes moules du genre, j'ai nommé l'antirobinsonnade. Le dessein premier de cette nouvelle vision du monde n'est point de faire l'apologie de l'idéologie libéral, du travail, du culte de la productivité, des richesses matérielles et de l'organisation rationnelle et classificatrice. Il y est plutôt question d'une critique acerbe des affres et contraintes de la modernité capitaliste aliénatrice ; en effet, le désir des écrivains est de proposer un univers échappant à cet asservissement prôné par les utopies et les robinsonnades du 19ᵉᵐᵉ siècle, en exaltant le bonheur de vivre conformément aux lois de la nature et en tentant de répondre aux exigences des instincts primaires, avec une volonté manifeste d'instaurer un rapport de cohérence et d'harmonie entre l'homme et la nature, de restaurer l'unité perdue des temps premiers. Schiller avait ouvert cette voie royale en mettant en évidence « les principes d'une civilisation non-répressive, dans laquelle la raison est sensible et la sensibilité rationnelle ».[3] Schiller pensait également que de nouveaux rapports entre l'homme et la nature, entre l'homme et le monde objectal, rapports qui ne

[2]René Scherer, « La Formulation actuelle de l'utopie », in *Chimères 2*, 1990, p. 113.
[3] Cité par Herbert Marcuse, *Eros et civilisation*,, p. 165.

soient pas fondés sur la domination, se répercuteront de manière bénéfique dans le monde subjectif.

Ainsi l'antirobinsonnade rejoint l'utopie esthétique dans sa visée de re-créer un monde harmonieux et heureux. Les deux genres pourraient être rapprochés de l'univers romantique, qui est défini, selon Ernest Fisher, comme étant « un mouvement de protestation – de protestation passionnée et contradictoire contre le monde bourgeois capitaliste, le monde des « illusions perdues », contre la dure prose des affaires et du profit...[4]

Le naufragé de l'antirobinsonnade ne cherche guère à recréer le monde dont il a été exclu mais de profiter de ce retour aux origines pré-adamiques de la civilisation, dans une sorte de paradis retrouvé, où il jouit de tous les plaisirs des sens, s'éloignant ainsi du capitalisme avilissant et inhumain associé à la modernité triomphante. Il s'agit de cet état esthétique que préconise Schiller, grâce à une libération des sens, à une certaine adéquation des contraintes de la morale et des intérêts des sens, comme dirait, encore une fois, Schiller[5].

Le présent ouvrage est une approche très approfondie des rapports qu'entretiennent la robinsonnade et l'utopie par le biais d'analyses pertinentes d'œuvres aussi diverses que *Robinson Crusoé* de Daniel Defoe (1719), *L'île mystérieuse* de Jules Verne (1874), *Suzanne et le Pacifique* de Jean Giraudoux (1921) et enfin *Vendredi ou les limbes du Pacifique* de Michel Tournier (1967). Ce corpus permet à l'auteure d'analyser de très près l'évolution de la robinsonnade/utopie, dès la naissance du genre au 18ème siècle jusqu'au 20ème siècle pour tenter de déceler les transmutations qu'a

---

[4] Ernest Fisher, *La Nécessité de l'art. Une approche marxiste*, Londres, Penguin, 1963, p. 52-55.
[5] Friedrich Schiller, *Lettres sur l'éducation esthétique de l'homme*, Aubier, éd. Montaigne, Paris, 1943, p. 193-194.

connues ce genre, en relation étroite avec un genre aussi important que le premier, à savoir l'utopie.

Introduction

Tout comme l'histoire de l'humanité qui en constante évolution, en perpétuelle transformation, la robinsonnade fait miroiter cette transmutation continuelle et cyclique de la race humaine. En effet, elle est un genre littéraire apparu au cours du XVIIIᵉ siècle, très exactement en 1719, sous l'impulsion du livre fondateur du genre : *Robinson Crusoé* de Daniel Defoe. De même, nous pouvons dire que dans la robinsonnade rien ne vaut de jeter un seul ou un groupe de naufragés sur un caillou. Ceux-ci se livrent de toute leur force à réinventer l'existence conformément à leur éducation, à leur morale, à leur foi. Au cours de leur séjour, se rejoue l'évolution progressiste de toute une histoire humaine. Elle est par cela l'occasion de composer une genèse de la civilisation pour mieux analyser et traiter les ascendances de la culture.

La robinsonnade demeure l'une des formes de l'idéologie libérale, qui repose sur la confiance en la raison, la science, l'inventivité et en une certaine plasticité de la nature, une nature qui répond le plus aux besoins humains. De plus, Vendredi, le rustre, est là pour dire la hiérarchie dans l'entreprise, la nécessite d'une humanité inférieure mais associée à l'effort commun. La robinsonnade suprême est la création romanesque par laquelle l'auteur esseulé devient le patriarche incontesté de toute une existence.

Face à la robinsonnade se dresse subrepticement et insidieusement l'antirobinsonnade qui, tel un genre littéraire s'opposant à la modernité, propose comme remède non seulement de nous ressourcer grâce à un retour au monde originel des relations mais de redécouvrir la joie de vivre dans ce sens où l'antirobinsonnade est un hymne à la vie, à la joie, au repos, au jeu, à la nature, à l'innocence et à l'enfance. Ce genre nous invite à restaurer l'unité brisée entre le monde matériel et le monde transcendant, entre le monde de l'obstacle et le monde du seuil, entre le profane et le sacré, entre les mortels et les immortels, voire même entre le corps et l'esprit. Il nous propose de réintégrer le Vendredi soumis symbolisant la hiérarchie organique en tant que Dionysos, ce dieu qui fait casser les barrières de l'individualisme et fait retrouver les sensations cosmiques.

Nous sommes ainsi devant deux genres littéraires radicalement opposés ; ils donnent des visions controversées de la manière de vivre et du comment prouver son existence.

Ayant pour caractéristiques le départ vers l'inconnu, le sevrage avec la civilisation, avec le monde moderne, la robinsonnade comme l'antirobinsonnade, prennent la forme d'une exclusion, d'un arrachement qui pourra être volontaire ou involontaire et dont les naufragés suivent les épreuves de la navigation périlleuse jusqu'au naufrage. La fonction lustrale de ce dernier est souvent soulignée par la nudité des naufragés, cette nudité symbolisant une renaissance, qui, à son tour, suppose un apprentissage, voire même une vraie initiation.

Aussi, sommes-nous tentée d'inscrire la robinsonnade et l'antirobinsonnade dans la marge réservée à l'utopie. En effet, Karl Marx a rendu célèbre le terme de robinsonnade pour désigner l'utopie au sens le plus réducteur : « la révolution sur cinquante kilomètre carrés », une utopie qui, comme genre littéraire, a vu naissance avec Thomas More. Plus encore, elle est comme la robinsonnade et l'antirobinsonnade, ce monde clos, protégé, isolé, préserve sa « pureté » et tente la vie autarcique (volontairement ou involontairement), ajoutant le même mépris et/ou le même amour de l'argent et du profit… De même que la condamnation d'un commerce parasitaire et immoral. Ensuite, la régularité, la géométrie des constructions, la netteté des apparences… sont presque identiques. Aussi, l'uniformité, l'unanimité, la standardisation humaine et le rejet ou la suppression de toute dissidence. Ce qui provoque effectivement l'écrasement de l'individualisme par le collectivisme et la liberté par un étatisme généralisé.

En effet, le monde utopique se veut pur et épuré, simple et transparent, austère souvent. Il convient d'ajouter que la place fondamentale est accordée à l'éducation est toujours présente. L'utopie est le voyage élogieux qui contribue à glorifier une Cité idéale, un monde parfait que l'on décrit de manière idyllique.

Les questions qui se posent sont les suivantes : pouvons-nous considérer la robinsonnade et l'antirobinsonnade telles des utopies ? Est-ce que toutes les robinsonnades et les antirobinsonnades sont identiques thématiquement à leur ancêtre *Robinson Crusoé* de Daniel Defoe ? Ceci va déclencher notre débat inaugurant une recherche intitulée : ***De la robinsonnade à l'antirobinsonnade ou la transmutation de l'utopie.***

C'est une recherche visant dans un premier lieu l'étude du rapport existant entre la robinsonnade et l'utopie et dans un second lieu l'étude de l'évolution de la robinsonnade depuis le XVIIIe siècle jusqu'au XXe siècle afin d'arriver à déceler les points de convergence et de divergence entre les quatre œuvres du corpus, à savoir :

- *Robinson Crusoé* de Daniel Defoe (1719)

- *L'île mystérieuse* de Jules Verne (1874)

- *Suzanne et le Pacifique* de Jean Giraudoux (1921)

- *Vendredi ou les limbes du Pacifique* de Michel Tournier (1967)

Nous tacherons donc d'étudier l'évolution de la robinsonnade/utopie du XVIIIe siècle jusqu'au XXe siècle, autrement dit de répondre à la question : est-ce que l'utopie est restée fidèle au baptiseur de la robinsonnade Daniel Defoe ou a-t-elle subi des mutations et des changements durant les siècles ?

Pour mener à terme cette analyse et atteindre l'objectif que nous avons précisé, nos recherches sont articulées autour de quatre parties intrinsèquement liées et successives, organisées en vue d'assurer la cohérence et l'enchainement harmonieux des axes thématiques principaux qui les structurent :

La première partie, intitulée « L'utopie /robinsonnade », donne une vue approfondie des deux concepts : utopie et robinsonnade. Cette partie traitera les genres littéraires à savoir robinsonnade, antirobinsonnade, utopie et dystopie afin d'en relever les caractéristiques fondamentales, les schèmes axiaux ainsi que les points communs et divergences pour passer par la suite à la transmutation de l'île d'un espace désolant en un Eden perdu.

La deuxième partie intitulée « Vers la construction de la Cité idéale : de l'utopie individuelle à l'utopie sociétale » permet d'interroger la démarche mise en œuvre par les Robinson pour travestir, et à leur guise, une nature vierge en une autre artificielle afin de construire un monde utopique. Cette partie se subdivise en cinq chapitres : « Robinson, figure de l'*artifex* », ce premier chapitre englobe six sections traitant des diverses phases de domination de toutes les ressources : spatiales, humaines et même la manipulation temporelle pour que les Robinson puissent accomplir leur projet de colonisation et d'attester leur pouvoir ; l'objet du deuxième chapitre qui s'étale sur quatre sections à savoir : insularité, pouvoir et autorité, Robinson ou le pouvoir absolu, le langage comme moyen de pouvoir pour achever sur la relation dominant-dominé. De même, la partie optera pour démontrer le rôle incontestable de la science, objet du troisième chapitre, et du labeur, objet du quatrième chapitre, qui vont accélérer, par le biais de la solidarité et de l'harmonie, le rythme du progrès en vue d'accéder à une Cité idéale.

La troisième partie intitulée « Critique de la civilisation occidentale (basée sur *Suzanne et le Pacifique* de Jean GIRAUDOUX et *Vendredi ou les*

13

limbes du Pacifique de Michel TOURNIER) présente une approche critique englobant cinq sections : le désenchantement du monde, la quantification du monde, la mécanisation du monde, l'abstraction rationaliste et l'individualisme.

La quatrième partie ayant pour titre « Vers la reconstitution d'une utopie esthétique » vise l'analyse de la quête du Paradis perdu, cet Age d'or et ce *perfectionnement du commencement* dont rêve l'humanité avide des temps premiers ; temps de l'innocence et l'enfance de l'humanité, temps de l'éternel bonheur par le biais d'un réenchantement ou encore d'un réenfantement du monde grâce à l'imagination mue par la poétisation et par la suprême fusion de l'Homme en l'image de Suzanne et de Robinson de Tournier avec les éléments de la nature afin de se libérer des griffes vénéneuses d'une réalité désenchanteresse.

Partie I : Utopie et ou Robinsonnade

Chapitre 1 : La robinsonnade : un genre littéraire

1 . Définition

La notion de la robinsonnade est un anthroponyme inventé par Karl Marx, et dont Le *Robinson Crusoé* de Daniel Defoe (1719) est cependant la véritable matrice. La robinsonnade est un ensemble de récits de survie insulaire qui se multipliaient à cette époque, et bien avant, remontant jusqu'à l'Antiquité. Tous ces récits semblent pastichés. Ils s'articulent de façon identique autour des éléments suivants ; le voyage, le naufrage, la rupture du lien social, la solitude, les épreuves de survie, la rencontre de l'Autre (le sauvage, l'indigène, le rival…), le développement personnel, la vie naturelle, la colonisation de l'île et le retouràla civilisation.

Selon Anne Leclaire-Halté, « la robinsonnade est un genre littéraire né au XVIIIème siècle qui s'interroge de façon aigue sur le débat philosophique nature/culture[6] ». La robinsonnade est ainsi un élément fondamental de notre questionnement sur nous-mêmes, sur notre capacité personnelle de subsistance sans la relation à autrui à travers une mort symbolique et une renaissance ; ce qui nécessitait à la fois un apprentissage, une transformation corporelle et des épreuves que l'on doit subir sous la conduite et l'autorité d'officiants. On se sépare de ses proches ou de son groupe avant de revenir vers eux, mais dans un nouveau rôle et une nouvelle position sociale.

Toutefois, la robinsonnade est une aventure fictive de héros confrontés, généralement à la suite d'un naufrage, à la solitude sur une île vierge, inhabitée, à la nécessité de survivre, d'apprivoiser la nature sauvage, de réinventer la civilisation… Elle est fidèle à son « aïeul » Robinson Crusoé : l'emblème littéraire du fondateur de la civilisation capitaliste et matérielle.

En effet, Defoe n'invente rien. Il a un modèle authentique en la personne

---

[6]- Anne Leclaire-Halté, *Robinsonnades et valeurs en littérature de jeunesse contemporaine*, collection « Dialectique des textes » N°. 10, Université de Metz, 2004, p. 26.

de Selkirk, un marin abandonné sur une île pendant 4 ans. Son aventure est reprise, Defoe l'amplifie et lui impulse le souffle de l'épopée ; de Selkirk à Robinson, Defoe fait de l'Ecossais, resté un peu plus de quatre années sur son île, un Anglais d'York qui a tenu sept fois plus longtemps, capable de façonner sa solitude et d'en faire une sorte de modèle, de devenir archétypal.

> [...]Réputé pour son mauvais caractère, Selkirk s'était disputé avec son capitaine lors d'une expédition de flibuste à laquelle participait William Dampie, auteur d'un célèbre *Nouveau voyage autour du monde* (1699). Selkirk avait demandé lui-même à être débarqué sur l'île : le capitaine avait accepté en lui donnant de quoi survivre, quelques instruments, et une Bible. Il avait finalement été retrouvé par les membres de l'expédition autour du monde que commandait Woodes Rogers (1708-1711). Edward Cooke dans son *Voyage dans les mers du Sud* et Woodes Rogers dans *Voyage et croisière autour du monde* (1712) devaient raconter comment, en février 1709, ils avaient découvert un Selirk vêtu de peaux de chèvre, à peine capable de parler anglais [...] [7]

Le personnage de Robinson, devenu un vrai mythe littéraire, porte en lui des interrogations profondes sur le sens de l'humanité : vie naturelle ou modernité, relations avec l'Autre (altérité), une multiplication des productions qui constituent autant de versions, de variantes du récit d'origine, toujours semblables et différentes à la fois.

De même, les robinsonnades sont soumises à une trame narrative : séquence initiale, déplacement, séjour sur l'île, séquence de sauvetage et séquence finale.

2 . La robinsonnade : mythe littéraire

Dès que nous abordons le corpus des robinsonnades, nous sommes confronté à la question du mythe qui, selon Claude Lévi-Strauss, est « un récit d'origine qui fournit une réponse narrative à une contradiction

---

[7]- Daniel Defoe, *Robinson Crusoé,* Gallimard (Folio classique), Paris 2006, p. 9.

idéologique qui traverse la société où il prend naissance [8]» ; ce qui fait que le mythe désigne un récit (ou un personnage) exemplaire aux yeux d'une collectivité humaine, pour laquelle il exprime et éclaire un aspect de l'existence, soit en justifiant une situation, un trait de la condition humaine, soit en proposant une démarche active, un exemple d'une norme morale ou un projet révolutionnaire. Autrement dit, le mythe est un récit légendaire, fictif qui permet de résoudre les dilemmes et les contradictions sociaux de son temps. Toutefois, qu'est ce qui justifie que la robinsonnade soit liée au mythe littéraire ?

Nous avons déjà avancé que la robinsonnade s'inspire de son ancêtre légendaire Robinson Crusoé. Philippe Sellier[9] propose six traits permettant de considérer cette légende comme un mythe littéraire :

• il est un récit fondateur qui raconte les origines (le thème de l'île déserte suffirait à le prouver) ;

• il n'a pas d'auteur (Defoe se cache derrière la fonction de l'autobiographie) ;

• l'histoire racontée est tenue pour vraie (Defoe/Robinson s'efforce de persuader le lecteur de l'authenticité du récit) ;

• il propose des normes de vie et fait fonction d'intégrateur social (l'œuvre de Robinson répond à la question comment survivre et façonner sa solitude) ;

• sa logique est celle de l'imaginaire, de sorte qu'il échappe aux contraintes du vraisemblable (l'histoire édifiante de Robinson, ponctuée de multiples inventions de la Providence, est très éloignée du récit réaliste du marin écossais dont l'aventure aurait, dit-on, inspiré Defoe) ;

---

[8]- Claude Lévi-Strauss, « La Structure des mythes », in *Anthologie structurale*, Paris, Plon (Presses Pocket), 1990, p. 248.
[9]- Philippe Sellier, « Qu'est-ce qu'un mythe littéraire ? », in *Littérature* N°. 55, Paris Larousse, 1982, p.112.

• sa trame narrative, fortement structurée par un système d'oppositions, surdétermine chaque élément du récit (tout se joue ici dans la tension entre travail et oisiveté, vice et vertu, faute et expiation, ile et continent, devoir et intérêt).

Ainsi, ces six traits montrent clairement que les robinsonnades sont liées au mythe littéraire.

3. Les Robinson tels Adam et Prométhée

3. 1. Robinson ou Adam

Les Robinson sont arrachés à la vie sociale dans des circonstances dramatiques et sont placés dans des situations inédites, extrêmes qui renvoient aux instincts primitifs ; une sorte de retour au Moi-empirique[10].Le Robinson est tel un nouvel Adam jeté sur une terre vierge de toute trace humaine dont il est l'unique habitant ; aucune trace d'Eve dans cette tache de paradis terrestre. Robinson vit le retour à l'Eden pour lequel il a tout laissé : il renait à l'âge de vingt-six ans dans des conditions idéales qui recréent pour lui l'état de pure nature caractéristique du bonheur premier. Nu, dépossédé de son existence antérieure et par suite lavé de tout pêché, son naufrage a une valeur de baptême, de renaissance. Il est par cela dans l'état le plus proche de l'état adamique parfait, sauf que dans son cas, le Paradis n'est pas la manifestation de l'unité, mais le résultat d'une séparation radicale avec l'ensemble de l'humanité.

Bref, Les Robinson sont placés au commencement des temps, dans la douceur d'un « éternel printemps », l'homme libre et oisif, vivant en parfaite harmonie avec les dieux et la nature, et produisant sans effort tous les fruits délicieux dont ladite nature le nourrit comme une mère bienveillante.

---

[10]- Le Moi-empirique, expression utilisée par notre professeur M. Abdelghani El Himani lors de la 7ème séance de la matière : l'Evolution de la notion du théâtre en France et plus précisément dans le cours intitulé : le tragique chez Nietzsche et comme avait dit notre professeur, il s'agit d'un retour à l'état primitif des premiers temps.

3. 2. Robinson ou Prométhée

Robinson, l'*homo faber*[11](*l'homme industriel*), est l'archétype du principe du capitalisme du rendement et du profit, fondé uniquement sur le labeur et la productivité. Il cède entièrement à la conscience, à la raison, à la responsabilité, à l'autonomie, tous privilèges de l'esprit. Tout ceci est le résultat d'un refus d'un passé simple, pur et innocent et l'attachement profond à un présent complexe et épineux pour accéder à un futur désastreux. Ainsi, Robinson est la reprise littéraire d'un personnage légendaire et mythique, Prométhée. En effet, Robinson/Prométhée « symbolise la productivité, l'effort incessant pour maitriser la vie ; mais dans sa productivité, bénédiction et malédiction, progrès et labeur sont inextricablement mêles[12] ». Ce mythe « s'oppose à l'imaginaire poétique de l'Eden perdu[13] ». Cependant, ces deux héros, à savoir Robinson et Prométhée, participent tous deux à la création de la civilisation ; ce qui fait d'eux des héros purement culturels. Ils sont la cause de la contamination du monde humain. Toutefois, Prométhée est bien « le fourbe […] celui qui se rebelle (dans la souffrance) contre les dieux, celui qui crée la civilisation au prix de la douleur perpétuelle [14]». En effet, au lieu de procurer à l'humanité un bonheur éternel, il l'a immergée dans une insatisfaction infinie et indéterminée et ceci a provoqué un malheur inédit et inéluctable, depuis la nuit des temps. Le malheur est devenu donc une destinée inévitable pour l'être humain, une sorte de fatalité inhérente au devenir humain.

---

[11]- Paul Ricœur, *L'idéologie et l'utopie,* Editions du Seuil, 1997, p. 388.
[12]- Abdelghani El Himani, *Jean Giraudoux : Néo-Romantisme ou Nouvelle Modernité*, Collection Thèses & Monographie, Publications de la Faculté des Lettres et des Sciences Humaines Sais-Fès, 2011-2012, p.139.
[13]- *Ibid.*
[14]- *Ibid.*

4. Les principaux thèmes de la robinsonnade

4. 1. Le voyage initiatique

Dans les robinsonnades, les rites d'initiation comprennent une première phase d'exclusion du candidat hors de son groupe suivie d'une série d'épreuves qualifiantes.Le naufrage est à l'origine de la robinsonnade. C'est une circonstance tragique, morbide qui marque une rupture violente et peut-être définitive avec la famille, la communauté, la nation, le monde. Cet épisode préliminaire est l'objet de représentations mouvementées, fortes en émotions, en manœuvres désespérées : tempête, mer déchaînée, mats brisés, voiles déchirées, corps éventrés, chaloupes chavirées, noyades, corps jetés sur la grève, plus morts que vifs. Ce qui fait de cet épisode une série d'épreuves qualifiantes qui prennent globalement la figure d'une mort symbolique, pour déboucher, enfin, sur une « renaissance », une réintégration dans le groupe de l'unité dotée d'un statut nouveau.

Le voyage, par définition, entraîne - même s'il est délibérément entrepris - la perte de la stabilité, de la sécurité et de la quiétude que l'abri paternel assure. Dans les Robinsonnades, il est violemment interrompu : le héros, « jeté », « rejeté » par la mer sur le rivage, est confronté au plus grand des dangers, celui de périr, loin de tout, seul et abandonné.

Cependant, tous les Robinson ne sont pas strictement des naufragés. Certains sont tout bonnement débarqués et abandonnés avec armes et bagages à la suite d'insubordinations. C'est le cas d'Ayrton, l'un des personnages de Jules Verne dans *L'île mystérieuse*.

4. 2. La solitude ou l'isolement

La solitude, telle que nous pourrions la définir, est un sentiment qui nait d'une existence dans un monde sans la présence d'autrui, mais on peut la sentir même au sein d'un groupe social quand on est marginalisé ou humilié.

Une fois seul sur l'île, le Robinson « civilisé » se sent prisonnier d'une solitude atroce loin de ses semblables. Le thème de la solitude est omniprésent dans les robinsonnades. Toutefois, à la différence des orages, des tempêtes, des tremblements de terre, des tonnerres, la fièvre de la solitude n'est pas accidentelle ou passagère mais constante. Selon LubomirDolezel, « la solitude n'est engendrée que si une seule personne existe dans le monde fictionnel. Les traits invariants du thème de la solitude sont engendrés par les restrictions sévères imposées au champ d'action et à l'éventail de propriétés du solitaire qui habite le monde a un seul agent [...][15]». En effet, le Robinson souffre de l'absence totale d'interaction c'est-à-dire d'échanges réciproques, d'actions coopératives ou antagonistes entre deux ou plusieurs agents. Autrement dit, les actions du Robinson ne touchent que lui-même ou les objets naturels ou culturels autour de lui. De même, c'est son existence solitaire qui détermine sa vie mentale.

Touché par la solitude, Robinson médite. Il accède à un autre niveau de conscience, un sentiment religieux diffus, le sentiment de faire corps avec l'île, avec l'univers. Il épouse la vie naturelle comme d'autres prononcent leurs vœux. De façon plus moderne, Robinson s'interroge sur ses valeurs, sur son existence, le sens de la vie, du travail de l'être. Il se lance dans une introspection qui agit comme une autoanalyse. Cependant, Robinson résiste farouchement à la dépression et à la régression. Il maintient un dialogue intérieur, se reconvertit et conclut en quelque sorte une nouvelle alliance avec Dieu. Il est le seul rescapé. Il y a bien là un signe à son adresse. Il positive donc dans une recréation comme ces célèbres prédécesseurs bibliques, Adam et Noé.

---

[15]- LubomirDolzel, *Communication*, Année 1988, Volume 47, Numéro 1, p. 189.

4. 3. L'Autre

Les questions de la solitude et de l'altérité sont indissociables. En d'autres termes, l'homme n'est-il qu'un être social ou peut-il s'épanouir dans l'isolement ?

La rencontre de l'Autre, l'indigène, le sauvage, le cannibale, le Robinson même (le cas d'Ayrton dans L'*île mystérieuse* de Jules Verne et de Robinson dans *Suzanne et le Pacifique* de Jean Giraudoux) est un épisode remarquable de la robinsonnade. L'Autre, c'est Vendredi, mais pas seulement l'Autre, c'est l'homme aux cent masques. Tout l'éloigne du naufragé, à commencer par sa langue, son impudeur, son alimentation…C'est une rencontre manquée où Robinson s'impose en maitre, bienveillant, bienfaiteur, précepteur, rédempteur. Dans cette vision ethnocentrique, Vendredi est relégué au rôle de faire-valoir. Il est dénaturé, caricaturé, vilipendé dans une littérature populaire au service de l'idéologie coloniale.

Jean Giraudoux et Michel Tournier revisitent le sujet ; ils déplacent notre regard et rendent hommage à l'humanité du sauvage. Ils réhabilitent la différence ! L'approche effectuée par Giraudoux et Tournier marque durablement le genre de la robinsonnade. Ils renvoient gentiment mais sans concessions aux oubliettes le paternalisme colonial, le raciste larvé ou déclaré. L'Autre devient notre égal, voir même meilleur, car sa vie naturelle est respectueuse, adaptée à une sorte de contrat naturel, écologique !

4. 4. L'île : de l'île désolante à l'Eden perdu

L'île est le thème principal dans les robinsonnades. Elle est une représentation du paradis. Elle est providentielle, idéale, idyllique. Elle offre ses provendes aux naufragés. Il leur suffit de tendre la main et de s'abandonner à ses richesses. Elle est personnifiée, féminisée, érotisée. Parfois elle est rétive. C'est l'île vierge, dense, impénétrable, dangereuse, volcanique, putride, mystérieuse... C'est également l'île stérile, le rocher, le récif battu par l'océan ... Cette île hostile, pavée d'adversité, ressemble un peu à l'Enfer.

Quelles sont donc les raisons de ce choix relevant à la fois de l'imaginaire et du rationnel. Au niveau symbolique, l'île est un centre, le « nombril du monde [16]», d'où jaillissent la vie, l'énergie originelle. C'est aussi un microcosme, une « métaphore de l'univers », un monde parfait, complet. Enfin, c'est une mère nourricière, un sein maternel, le lieu de la béatitude originelle : c'est une « tache du Paradis » sur terre.

4. 4. 1. L'île déserte

Le motif de l'île déserte autorise l'auteur à prendre quelque liberté aussi bien sur le plan de la narration que sur le plan du discours. Cette île déserte a permis à Robinson de recommencer sa vie et de rebâtir un monde qui s'adapte à ses besoins et à ses exigences. L'île est donc un immense champ d'expérimentation, cet endroit inhabité fait retrouver à Robinson le goût du travail, la devise de son existence.

4. 4. 2. L'île, figure de la séparation et de la désolation

Il est à rappeler que l'île est présentée non seulement dans toutes les mythologies, mais aussi dans de nombreux contes ou légendes, puis par la suite dans les robinsonnades. Irène Laborde écrit « l'île est un centre ou l'on aborde après un voyage brutalement arrêté, un désert de solitude où le héros va vivre séparé du monde. En effet, dans la littérature pour la jeunesse, comme pour l'inconscient collectif, l'île représente la séparation[17] ».

---

[16] - Mercia Eliade, *Le mythe de l'éternel retour : Archétypes et répétitions,* Editions Gallimard, Paris, 1969, p. 31.
[17] - Irène Laborde, « *Roman d'aventures* », article in www.crdp.ac-grenoble.fr/ p. 1.

Toutefois, Deleuze, en parlant de l'île, la présente telle une mixture de rêve et séparation : « rêver des îles, avec angoisse ou joie peu importe, c'est rêver qu'on se sépare, qu'on est séparé, loin des continents, qu'on est seul est perdu […] [18]»

Le naufrage de Robinson sur l'île est significatif. Jeté par la violence de la tempête, il échoue, seul survivant, sur la plage face contre sable… C'est l'île, en tant qu'espace à la fois hostile et sécurisant, sera quasiment à l'origine des métamorphoses des Robinson.

4. 4. 3. L'île comme endroit exploitable et gérable

Les Robinson sont des héros civilisateurs ; ils éprouvent le besoin de tout mesurer et de tout peser de manière mathématique ; ils nomment et cartographient chaque endroit, ils investissent l'île, la colonisent et la légifèrent, aux moyens de chartes contenant les lois de l'île auxquelles ils se plieront. Ils se déclarent gouverneurs, rois, commandants... . Ils se font pionniers, à la fois cultivateurs, éleveurs et artisans. L'île est aménagée apprivoisée, domestiquée, fructifiée jusqu'à produire des excédents ! C'est le symbole de la dynamique économique, du capitalisme par opposition à l'isolement et à l'autarcie.

La crainte persistante de la pénurie stimule un réflexe d'accumulation. Le travail devient la valeur essentielle de la personnalité de Robinson Crusoé. Par ailleurs, les Robinson ne peuvent compter que sur leurs propres ressources et les débris d'une épave, dernier vestige de la société matérielle car la survie n'est pas acquise. Les secours sont hypothétiques et probables. Les Robinson ont les ressources vitales pour surmonter les épreuves. Ils mobilisent leurs connaissances, leurs compétences, leur imagination, leurs qualités morales, travail, courage, solidarité. Tout est transformé, détourné,

---

[18]- Gilles Deleuze, « Cause et raisons des îles désertes », in *L'île déserte et autres textes*, les éditions de Minuit, 2002. p. 5.

adapté pour satisfaire les besoins primaires : se loger, se nourrir, se vêtir, et puis le superflu.

4. 4. 4. L'île figure de l'Eden perdu

Comme nous l'avons déjà annoncé, l'île est une « tache du Paradis » sur terre, elle est un abri au sein d'une nature des premiers temps, d'une nature éblouissante qui incite l'être aux contemplations et aux méditations les plus profondes. En effet, cette nature de profusion de couleurs, d'odeurs, de sensations et de bruits mène l'être à une vie paradisiaque et oisive. Encore, cette nature n'est pas un simple décor mais une présence physique et vivante. Elle joue un rôle propice dans les robinsonnades. Elle est en harmonie avec les insulaires. De surcroît, cette nature, qui manifeste la présence multiforme et riche et qui préserve la beauté de l'âge premier, constitue pour les Robinson un doux refuge, un refuge hospitalier qui offre avec générosité ses biens. Elle est une terre-nourricière, à l'image d'une mère-nourricière. De même, les Robinson se sentent protégés dans cette terre éloignée de toute l'humanité. Bien encore, l'île procure de la satisfaction et de la béatitude éternelle. Nous pouvons ajouter que l'île est un mot de passe, un concept qui indique le plus souvent un lieu de l'enchantement. Cependant, l'île la plus caractéristique se dessine comme un ilot, une clairière, un de ces rares coins humains vraiment libres, une tache de paradis terrestre sur un océan éventé et pur.

5. L'antirobinsonnade

Face à la robinsonnade, nous trouvons l'Anti-robinsonnade qui est à son tour un genre littéraire critiquant et rectifiant la vie robinsonienne - une vie qui se vit à partir d'une production, d'une productivité, d'une puissance, en fonction des causes et des effets, en fonction des moyens et des fins, en comblant les lacunes délaissées, négativement par l'humanité, en tatouant - sur le plan physique, psychique et moral - en grandes lettres, le mot « civilisation », sur chaque corps humain. La naissance de cette antirobinsonnade prouve l'échec de Robinson d'atteindre sa visée qui est la modernisation de toute la terre, car il existe une partie bien déterminée qui s'accroche à tout ce qui est naturel, primitif, pur... Elle est ainsi un genre qui, à l'éloge de la logique, du rationnel, de la raison, du travail, de l'obstination qui triomphent des éternelles émotions et du surnaturel, substitue la fantaisie, le rêve, l'imagination et la liberté.

En respectant la trame narrative robinsonienne (séquence initiale, déplacement, séjour sur l'île, séquence de sauvetage et séquence finale), l'antirobinsonnade reste fidèle à la tradition de la robinsonnade ; le genre véhicule les mêmes thèmes que cette dernière à savoir le voyage initiatique, l'insularité, la rencontre avec autrui, le salut...Or, à part la séquence de la reproduction et la recréation de la civilisation occidentale, résultat d'un travail interminable et perpétuel, l'antirobinsonnade vise la quête nostalgique du paradis perdu. Elle constitue par cela une critique acerbe de tout ce qui est civilisationnel, dans le but de retrouver la vie des premiers temps, le Bonheur perdu.

Chapitre 2 : L'utopie : un genre littéraire

1. Utopia ou la naissance d'un nouveau genre littéraire, l'utopie

Face au monde social réel, construit tout au long de l'histoire des sociétés sur le principe de l'avoir et de l'accumulation privative des biens matériels au profit des puissants et des déjà riches, ce qui fait de « l'homme un loup pour l'homme[19] » et de ceux qui donnent, les exploiteurs des peuples, on se prend à rêver d'un ailleurs où l'être de l'homme serait le bien suprême, son bonheur social, la fin rationnelle de toutes les institutions publiques et la recherche de la stabilité de la communauté humaine, l'objectif de la société politique d'où la naissance de l'*Utopie* de Thomas More.

En 1516, parut en latin un livre étrange dont l'auteur est Thomas More (Morus en latin), avocat des bourgeois de Londres, depuis peu passé au service de la diplomatie du nouveau roi d'Angleterre Henri XIII. Ce livre *Utopia* portait un titre construit d'après une double racine grecque signifiant « lieu qui n'est nulle part[20] ». Toutefois, « l'*Utopia* est [également] inspirée de la République de Platon [21] ».

> Thomas More dépeint une société où l'organisation économique, politique et sociale est orchestrée de manière que nulle possibilité d'accumulation individuelle en matière de richesse ne puisse s'accomplir. L'envie, la corruption et la spermatie de classe ont été contrecarrées par des règles d'essence plus morale que politique, et le contrôle social s'organise à partir d'une dénomination de l'oisiveté et du travail [...] [22]

Utopie, l'île imaginée par Thomas More, donna ainsi son nom à une

---

[19]- Thomas More, *Utopie*, Editions sociales, 1997, La Dispute, p.6.
[20]- *Ibid.,* p.5.
[21]- *Ibid.,* p.6.
[22]- Yolène Dilas-Rocherieux, *L'utopie ou la mémoire du futur : de Thomas More à Lénine, le rêve éternel d'une autre société,* Edition Robert Laffont, S.A., Paris, 2000, p. 54.

tradition littéraire, philosophique et esthétique ; ce qui fait d'elle un genre littéraire qui entreprend d'imaginer des sociétés gouvernées par des principes menant au bonheur.

Alors qu'il était en mission diplomatique en Flandres, Thomas More imagina sa « meilleure forme de communauté politique », qui par la suite devait prendre la forme d'une œuvre fondatrice d'un genre nouveau : l'utopie littéraire. Il s'agissait alors pour Thomas More de répondre à son ami Erasme qui lui avait dédié *l'Eloge de la folie* et demandé d'écrire à son tour un « éloge de la sagesse ».

Ainsi, lors de leurs rencontres, les deux humanistes se demandèrent dans quelle contrée du monde la raison pouvait se trouver. *Nusquam* ! Répondirent-ils d'un commun accord. Nulle part, ou *nusquam*, devint donc le territoire que More entreprit d'explorer afin de formuler la réponse à Erasme qu'il avait commencée à rédiger sous forme de notes dès 1510. Le projet de More était avant tout d'élaborer un discours. Cependant, ce discours allait devenir dans un premier temps la *Nusquama*, ou la Nulle part, dont le contenu allait constituer l'essentiel du livre second d'*Utopia*, publié pour la première fois en 1516 à Louvain.

2.   Utopie : essai de définition

A l'origine du substantif, utopie, il y a un nom propre, provenant du titre du petit livre publié en 1516 par l'humaniste anglais Thomas More : *De optimoReipublicoe statu, deque nova insula Utopia. Utopia, l'Utopie*[23] (*La Meilleure Forme de la communauté politique et la nouvelle île d'Utopie*[24]) est une île lointaine, qu'un seul voyageur a visitée, Raphael Hytholodé, et dont il décrit à l'auteur la merveilleuse ordonnance et la parfaite félicité...

Ce néologisme gréco-latin (*Utopia*) associe le « ou » privatif à topos

---

[23]- Frédéric Rouvillois, *L'utopie*, Flammarion, Paris, 1998, p. 15.
[24]- Thierry Paquot, *Utopies et utopistes*, *op.cit.*, p. 6.

(« lieu ») afin de traduire le latin*nusquma*, « pays de nulle part » qui ne plaisait pas trop à Thomas More. Utopia est agréablement euphonique lorsqu'il est prononcé par un anglais, et son inventeur indique une autre piste pour le traduire, en jouant justement sur la prononciation.

Toutefois, il met en exergue, le sizain signé par un dénomme Aemilius, en fait More lui-même :

> Utopie, pour mon isolement par les anciens nommés,
> Emule à présent de la platonicienne cité,
> Sur elle, peut-être l'emportant - car, ce qu'avec des lettres,
> Elle dessina, moi seule je l'ai montré
> Avec des hommes, des ressources et d'excellentes lois -
> Eutopie, à bon droit, c'est le nom que l'on me doit. [25]

Eutopia[26] ou le « bon » (*eu* en grec) « lieu » (*topos* en grec) d'où le « pays du bonheur » ou le « lieu du Bien ». De même, ce pays n'existe sur aucune carte (*utopia*) serait le meilleur des mondes (*eutopia*). Autrement dit, « un monde parfait géographiquement inexistant [27]».

Le XVIIIème siècle redécouvre ce mot, mais toujours dans le sens de « pays » ou d'« Etat » qui n'existe pas, du fait de son isolement géographique d'une part et de sa perfection d'autre part. Pour la seconde fois de son histoire, il entre dans un dictionnaire, celui de Trévoux (1752), avec cette notion : « Utopie. S.f. Région qui n'a point de lieu, un pays imaginaire[28] ». On dénombre, au siècle des Lumières, plus de quatre-vingts nouveaux textes utopiques que l'on classe alors, selon la taxinomie des universités en :

1.   La République imaginaire / 2. Le voyage imaginaire / 3. Le roman social, les trois catégories constituant un « genre littéraire [29]».

---

[25]- *Ibid.*, p. 6.
[26]- *L'utopie, op.,cit.,* p. 16.
[27]- *L'utopie ou la mémoire du futur : de Thomas More à Lénine, le rêve éternel d'une autre société, op.,cit.*, p. 41.
[28]- *Utopies et utopistes, op.,cit.*, p. 6.
[29]- *Ibid.*, p.6.

En 1795, le nom commun fait son entrée officielle dans le *Dictionnaire de l'Académie française* qui le définit comme : « un plan de gouvernement imaginaire où tout est parfaitement réglé pour le bonheur commun[30]». L'essentiel tient au « contenu [31]», à ce qu'avancent les utopistes, et non à la manière dont il le fait : le contenu c'est-à-dire l'idée d'une perfection ayant pour l'objet premier de la Cité, l'ordre politique et pour facteur déterminant une organisation établie par la volonté, la décision et l'agir humain. Autrement dit, « L'utopie combine une vision du monde à une action volontaire pour établir une correspondance entre choix de société et choix de vie. [32]».Il s'agit « d'un mot aux doigts de rose embarquant une part de rêve et d'espoir[33] ».Toutefois, il faut insister, l'ensemble qui importe à la fois le « résultat [34]», la perfection politique, et le « moyen [35]», l'effort constructif de l'homme, unique artisan de son propre accomplissement. En effet, le fait de rassembler ces éléments constitue l'essence de l'utopie. L'utopie sera donc « une appréhension de la société selon son désir ou son imagination » car « [...] l'imaginaire nous facilite le voyage au cœur de la transformation et de la création sociale. Nous avons nommé l'Utopie [...][36]». De même, « la valeur authentique de l'imagination ne concerne pas seulement le passé mais aussi le futur : les formes de la liberté et du bonheur qu'elle évoque tendent à libérer la réalité historique [37]», ce qui fait d'elle une entreprise autogérée, une école expérimentale, une association solidaire…

Dans son *Dictionnaire universel du XIXème siècle* (1870-1876), Pierre Larousse définit l'utopie comme « l'une des formes de l'idéal et, par

---

[30]- *L'utopie,op.,cit.*, p. 17.
[31]- *Ibid*. p.17.
[32]- *Utopies et utopistes, op.,cit.*, p. 11.
[33]- Jean-Paul Besset « Pour en finir avec l'utopie, in Entropia, »*Décroissance & Utopie*, Lyon : Paragon, n° 4, p. 46-54, printemps 2008, p.46.
[34]- *L'utopie,op. cit.*, p. 17.
[35] - *Ibid.*
[36]- Collectif *Les incendiaires de l'imaginaire*, Actes du Colloque de Grenoble du 19-21 mars 1998, Lyon: ACL, 345p, 2000, p.8.
[37]- Herbert Marcuse, *Eros et civilisation*, Boston: 1955/Paris : Minuit, 1963, p.130.

conséquent, elle en a tous les caractères. Le mot idéal, pris dans le sens le plus général, est synonyme de fictif ou d'imaginaire, et il s'applique à tous les objets qui n'ont pas d'existence hors de l'écrit qui les conçoit. L'idéal s'identifie pour une part avec le possible ».[38]

Marx et Engels, dans le *Manifeste du parti communiste* (1848), évoquent et dénoncent un socialisme utopique jugé incapable, par son arriération, de percevoir le caractère essentiel de la lutte des classes et des conditions matérielles de l'émancipation prolétarienne ; et qui par idéalisme, tente de plaquer sur la réalité sociale mouvante « une organisation […] fabriquée de toutes pièces[39] ». Toutefois, l'adjectif utopique caractérise une prédominance de l'imagination et du sentiment, le mépris des réalités objectives et l'oubli de l'histoire.

En 1929, Karl Mannheim, dans *Idéologie et utopie*, définit l'utopie par son désaccord radical avec « l'état de réalité » dans lequel elle est apparue. Plus précisément, Mannheim va qualifier d'utopie tout état d'esprit en opposition avec « l'ordre social réellement existant et pratique [40]», tendant à « ébranler partiellement ou totalement [cet] ordre de choses [41]».

Pour Mannheim[42], le caractère utopique d'une construction intellectuelle est lié à son efficacité « concrète » constatée *a priori* : il ne s'agira d'une utopie que dans « la mémoire » où elle réussira « par une activité contraire » à transformer la réalité historique en une autre meilleure, en accord avec [ses] propres conceptions. Cela veut dire que, pour Mannheim, l'utopie est une « révolte créatrice [43]». Cependant, pour lui, il serait absurde de qualifier d'utopie n'importe quel écrit politiquement

---

[38]- *Utopies et utopistes,op. cit.*, pp. 9-10.
[39]- Laura Lafargue, *Manifeste du parti communiste,* Editions sociales, 1972, p.111.
[40]- Citation dite par notre Professeur M. Abdelghani EL HIMANI, lors de la première séance du séminaire le 17/11/2012
[41] - *Ibid.*
[42] - Paul Ricœur, *L'idéologie et l'utopie,* Editions du Seuil, 1997, p. 356.
[43]- *L'utopie,op.,cit.*, p. 14.

contestataire.

De même, le mot utopie est le plus souvent employé « comme attribut d'une idée, d'une entreprise, d'un désir dont le caractère est d'être idéal, c'est-à-dire plus parfait que tous les modèles offerts par la nature, perfection conçue par l'esprit, hautement souhaitable ou désirable en soi, mais généralement inaccessible, par sa nature même, irréalisable, impossible, chimérique. [44]»

En résumé, l'utopie n'est alors qu'un idéal impossible à atteindre, une chimère, une construction totalement imaginaire et irréalisable, une pure fiction, un artifice gratuit, un mirage, un rêve, un mythe dans son sens péjoratif... Comme le note bien Roger Dadoun, l'utopie « traîne toujours dans son sillage, telle une queue de comète, une charge négative ou dépréciative. Dans les propos naïfs comme dans les discours savants, on la voit associée, quasi systématiquement, aux notions d'illusion, d'évasion, de fantaisie nébuleuse, de rêverie traitée comme "songe creux" et évidemment, par-dessous tout, d'irréalité [45]».

Nous pouvons définir l'utopie comme étant un royaume chimérique, fictif, géographiquement inexistant et qui ne pourrait exister que dans le rêve, dans l'imagination de l'humanité et ayant pour but la recréation d'une autre société qui ne soit pas courbée sous le poids de l'injustice et de l'humiliation, d'une autre réalité autre que la première d'une société parfaite fondée sur tous les éléments pouvant constituer le ciment et la base solide d'un bonheur suprême et éternel, d'une société vertueuse. Elle est ainsi une aspiration « mélioriste »l visant la réinvention d'une société idéale en imaginant un ailleurs plausible, qu'il soit situé dans le temps, dans l'espace ou à l'intérieur de l'homme.

---

[44]- Henri Benac, *Dictionnaire des synonymes,* Paris, 1956 : « La justice sociale est un idéal, la suppression radicale de la douleur est une utopie », p. 463.
[45]- Roger Dadoun, *L'utopie, haut lieu d'inconscient*, Paris/ Sens & Tonka, 2000, p.21.

3.   Le processus de formation de l'utopie

L'utopie, rupture avec l'ordre établi, désir de transcender la voie ordinaire, de transformer la réalité, présente deux étapes :

1.   une remise en question claire ou implicite du présent ;

2.   une description complète et minutieuse, ou simplement ébauchée, d'un monde idéal, rêvé ou souhaité.

Toutefois, essayant à son tour, de rassembler les matériaux communs à la construction de l'utopie, Roger Mucchielli[46] propose six phases dialectiques dans le processus général de formation de l'utopie :

- la première est une révolte individuelle non égoïste face à l'iniquité de la société ;

- la deuxième consiste en une observation lucide et méthodique de la société contemporaine considérée comme un cas pathologique ;

- la troisième correspond à un sentiment d'impuissance, un pessimisme sur les possibilités d'intervention efficace ;

- la quatrième prend en compte la contradiction logique entre la première et la troisième ;

- la cinquième appelle à fuir la réalité et consacre le mythe de la Cité idéale ;

- la sixième phase vise à présenter aux lecteurs le contenu de l'utopie sociale, selon un procédé littéraire non imposé, généralement celui de la découverte par un étranger et de la visite touristique édifiante.

Cependant, et d'après ces critères de formation d'une utopie, nous pouvons dire que tout ce qui participe à la formation de son fond est le besoin d'évasion des réalités présentées et l'aménagement de réalités autres, la mise

---

[46]- *Utopies et utopistes, op., cit.*, p. 13.

en question de la légitimité et de la rationalité de l'ordre existant, le diagnostic et la critique des tares morales et sociales, la recherche de remèdes, le rêve d'un ordre nouveau, tout cela on le trouve aussi dans les systèmes philosophiques, dans les mythologies populaires, dans les doctrines religieuses… Ce qui donne à l'utopie une nature protéiforme, une capacité de prendre n'importe quel visage. Elle peut s'insinuer partout, dans les traités politiques ou philosophiques, les projets de constitution, les poèmes et les chansons, aussi bien que dans des récits de voyages ou des romans initiatiques. En effet, nous pouvons classer les utopies écrites ou pratiquées en trois principaux moments[47] :

- le premier moment couvre plus de deux siècles (XVI-XVIIIème siècles) et correspond aux utopies politiques ;

- le deuxième moment est marqué par la révolution industrielle, le salariat, l'école publique, l'entrée des femmes sur le marché du travail et l'urbanisation, il voit s'élaborer des utopies industrialistes ;

- le troisième moment qui vient de débuter, il y a une vingtaine d'années, est celui des utopies écologistes, il est contemporain des dégâts du progrès, de la fin d'un système géopolitique à trois composantes (le capitalisme à l'américaine, le socialisme d'Etat à la soviétique et le tiers-monde des « non-alignés »), de la révolution technologique (les Nouvelles technologies d'Informatique et de Communication (NTIC)) et de la victoire de l'individu[48].

4.   Les caractéristiques de l'utopie

Comme la robinsonnade, l'utopie respecte la trame narrative et « reproduit partiellement le schéma chrétien : péché/rédemption/salut [49]».

---

[47]- *Utopies et utopistes,op.,cit.*, p. 23.
[48]- *Ibid.*
[49]- *L'utopie,op.,cit.,* p. 23.

Ainsi, le départ vers l'utopie prend souvent la forme d'une exclusion, volontaire ou involontaire. Suivant les épreuves de la navigation périlleuse jusqu'au naufrage, dont la fonction lustrale est souvent soulignée par la nudité du naufrage, par la suite la découverte de l'investiture utopique qui suppose un apprentissage, une forme atténuée de l'initiation. Voici le Même accepté par l'autre, et de plus en plus désireux, au fur et à mesure que se prolonge son séjour et que se multiplient ses découvertes, de s'intégrer à ce nouveau monde. Mais, quels que soient la longueur de son séjour et ses degrés d'intégration, il lui faudra le quitter.

Toutefois, selon Fernando Ainsa[50], les critères principaux de l'utopie sont :

1.   l'isolement géographique dont l'insularité est la meilleure expression d'où des idées de fermeture, de protection, de microcosme ;

2.   l'intemporalité ou caractère a-historique car comme nous l'avons déjà dit, l'utopie est située hors du temps ; ce qui présente une autre forme d'éloignement ;

3.   la volonté autarcique ou l'autonomie économique ;

4.   la planification urbaine ;

5.   la réglementation contraignante, celle d'un « collectivisme homogénéisateur ; définissant un monde totalitaire ».

De même, Frédéric Rouvillois[51] met surtout l'accent sur :

1.   l'insularité ou isolement ;

2.   l'égalitarisme forcenée (équilibre, homogénéité, unité) ;

3.   la toute puissance de la loi ;

4.   le contrôle permanant des individus (éducation, bourrage de

---

[50]- Fernando Ainsa*La reconstruction de l'utopie* 1997, p.24.
[51]- Rouvillois Frédéric, *L'utopie*, 1998, pp.32 -33.

crâne, épuration…) ;

5.   la volonté incorrigible « de faire l'Eden ».

Cependant, ces deux critiques mettent d'abord l'accent sur l'insularité, la banalité de l'utopie. Ce monde clos, protégé, isolé préserve sa « pureté » et tente la vie autarcique (volontairement ou involontairement), ajoutant le même mépris de l'argent, du profit, de la propriété… De même, la condamnation d'un commerce parasitaire et immoral. Ensuite, la régularité, la géométrie des constructions, la netteté des apparences… sont presque identiques. Aussi, l'uniformité, l'unanimité, la standardisation humaine et le rejet ou la suppression de toute dissidence. Ce qui provoque effectivement l'écrasement de l'individualisme par le collectivisme et la liberté par un étatisme généralisé. Il convient d'ajouter que la place centrale est accordée à l'éducation (vue plutôt comme embrigadement et outil d'uniformisation). L'utopie est le voyage élogieux qui contribue à glorifier une Cité idéale, un monde parfait que l'on décrit de manière idéale.

5.   La dystopie

Comme l'anti-robinsonnade qui constitue une critique acerbe des méfaits de la Robinsonnade, la dystopie vient pour critiquer l'utopie. Le mot dystopie[52] vient de l'anglais *dystopia*, qui a été formé par l'association du préfixe dys- et du radical d'origine grecque, τόπος (topos : « lieu »). Cette association a été conçue pour rappeler le terme utopie auquel il s'oppose.

Le préfixe dys- est emprunté au grec δυσ-, et signifie négation, malformation, mauvais, erroné, difficile. Il a surtout une valeur péjorative. Il s'oppose ainsi clairement au préfixe εu- (« heureux ») que Thomas More avait en vue lorsqu'il a forgé le mot utopia. « Utopia » constitue en effet une sorte de jeu de mots : la prononciation anglaise de l'époque ne distingue pas la prononciation des préfixes εu- (« heureux ») et ou- (« négation »),

---

[52]- https://fr.wikipedia.org/wiki/Dystopie. Consulté 12 juillet 2012.

« inexistence »). L'utopie est donc étymologiquement un lieu heureux et un lieu inexistant. Alors que d'un point de vue étymologique, dystopie signifie donc « mauvais lieu », « lieu néfaste », un lieu en tout cas connoté négativement.

Une dystopie, également appelée contre-utopie[53], est un récit de fiction peignant une société imaginaire organisée de telle façon qu'elle empêche ses membres d'atteindre le bonheur. L'auteur entend ainsi mettre en garde le lecteur en montrant les conséquences néfastes d'une idéologie (ou d'une pratique) présente. La différence entre dystopie et utopie tient plus de la forme littéraire et de l'intention de son auteur que du contenu. Les univers utopiques et contre-utopiques ont en commun de ne pas être simplement des mondes imaginaires. Ils sont le résultat d'un projet politique. Ce projet vise à rendre possible un idéal : idéal d'égalité dans l'utopie collectiviste, idéal de pouvoir absolu, idéal d'ordre et de rationalité. L'idéal de bonheur est peut-être un peu plus ambigu. Il est défini comme la suppression de toute souffrance dans « Le Meilleur des Mondes », et comme la sécurité et la stabilité ; la dystopie s'oppose à l'utopie : au lieu de présenter un monde parfait, la dystopie en propose un des pires qui puissent être envisagés.

La dystopie porte sur l'inadaptation de l'espèce humaine à toute forme de société idéale. De même, ce qui reste théorique ou abstrait dans l'utopie devient concret, existentiel.

Une contre-utopie (ou « dystopie ») sera donc une utopie « à l'inverse », où l'établissement de la perfection conduit finalement à son contraire, où les moyens, espionnage permanent, suspicion, mise au pas, épuration, etc., prennent le pas sur les fins et tendent à les disqualifier. Toutefois, les contre-utopies ne sont pas le contraire des utopies, mais des utopies en sens contraire, reprenant fidèlement le schéma et les thèmes de l'utopie pour démontrer que chacun de ses bienfaits, poussé au bout de sa logique, finit par

---

[53]-*L'utopie,op. cit.*, p. 242.

se retourner contre l'homme, par menacer ce qui constitue proprement son humanité.

Chapitre 3 :

Les « robinsonnades » : des utopies très particulières

Comme nous l'avons mentionné dans le chapitre premier,ce genre fondé surtout par Daniel Defoe avec son œuvre *Robinson Crusoé* en 1719 n'est qu'une utopie solitaire, individuelle, assez malheureuse pour le héros qui ne doit son salut qu'aux restes récupérés de la civilisation. Description d'une aventure personnelle, donc non sociale, cet écrit est rarement considéré comme une utopie. Mais très vite l'idée de retour à la nature, d'autonomie due à l'ingéniosité humaine et à sa capacité d'adaptation, de rejet volontaire parfois de la civilisation, de vie heureuse en harmonie avec le monde naturel, qui est somme toute luxuriant et bienveillant, malgré ses dangers... entraînent le genre au-delà de ce que prévoyait Defoe. Le thème de l'île, par lui-même, est trop utilisé en utopie pour ne pas en soi être déterminant.

Du roman de Defoe, on élimine progressivement les aspects déplaisants ou pénibles (l'esclavage, les conflits contre le père, la volonté colonialiste…) pour ne garder que l'aventure humaine d'un individu qui arrive à triompher, après maints déboires, d'une nature grandiose et sauvage.

Entre la robinsonnade et l'utopie, les recoupements sont légion. Dans les deux cas, il se trouve une île, et une volonté.

Dans l'utopie, la volonté de construire une société nouvelle. La référence à la société de départ — qui est aussi celle d'un voyageur naufragé qui y aboutit, et qui constitue, pour le lecteur, une norme — y est contestée, et elle est remplacée par une rationalité autre, présentée comme plus équitable et plus humaine.

Dans la robinsonnade, après un naufrage, on aboutit aussi à une île déserte. Mais au lieu de construire et d'inventer une nouvelle modalité de l'expérience sociale, les efforts des rescapés tendent à reconstruire, avec les outils dont ils disposent, un modèle miniature de la société dont ils sont issus. L'île devient, chez Robinson, une colonie que, par la suite, il affirme. De plus, le passage du naufragé sur l'île, et le travail qu'il impose à la terre vierge pour la "civiliser", lui servent d'expérience à la fois morale et sociale — dans le cas de Robinson, on peut même ajouter spirituelle.

Dans l'utopie, l'aspect essentiel demeure la présentation en acte d'une société engendrée par des lois nouvelles : cela reste du domaine de la spéculation intellectuelle, et la forme en est le plus souvent discursive, alors que la robinsonnade est présentée dans le cadre de la narration d'actions et dont le résultat se veut exemplaire. Dans les deux cas, l'île sert donc de lieu d'expérimentation sociale, mais les conséquences que le texte en tire sont d'ordres très différents.

Partie II :

Vers la construction de la Cité idéale
(de l'utopie individuelle à l'utopie sociétale)

Chapitre 1 :

Robinson, figure de l'artifex

1. Le dénuement, déclencheur de l'entreprise robinsonienne

Face à l'atrocité de la solitude, ce « vin fort[54] », causée par l'absence absolue de vestige civilisationnel ou « nulle part on n'apercevait l'œuvre de la main humaine[55] », une solitude plongeant les solitaires dans un profond « silence écrasant [56]», dans un point terrestre « inouï dans le monde[57] ». De même, face à un dénuement presque total pour les uns « [...] je n'avais *rien* sur moi qu'un couteau, une pipe à tabac [58]» et total pour les autres « ils n'avaient *rien*, sauf les habits qu'ils portaient au moment de la catastrophe. [59]», ces deux conditions stimulant la capacité d'action et poussant les Robinson à entamer par un effort continu, intensif et concentré, une série de tâches afin de transformer la nature en culture et le monde sans homme en un monde pour homme, à recréer la *civilisation car* « [...] (ils) étaient poussés dans (leurs) tâche(s) par une inéluctable nécessité.[60] »

Toutefois, ce dénuement n'est pas un simple artifice romanesque. Il possède plus profondément une valeur métaphysique. Autrement dit, il y a dans ce dépouillement progressif, surtout chez les naufragés de Verne, une signification morale et même mystique. Renoncer à tout ce qui pèse « les quelques vivres [...] jusqu'aux menus ustensiles qui garnissaient leurs poches [61]», c'est se libérer symboliquement, se rendre disponibles pour les expériences radicalement nouvelles. Ce dépouillement s'accompagne d'une

---

[54]- Michel Tourier, *Vendredi ou les limbes du Pacifique*, p. 85.
[55]- Jules Verne, *L'île mystérieuse*, Edition 09 mars 2010, partie I, chapitre 11, p.132.
[56]- *Vendredi ou les limbes du Pacifique,op.,cit.*, p.17.
[57]- Daniel Defoe, *Robinson Crusoé*, p. 106.
[58]- *Ibid.*, p. 88.
[59]- *L'île mystérieuse, op. cit.* Partie I, chapitre 6, p. 63.
[60]- *Vendredi ou les limbes du Pacifique, op.,cit.* p.27.
[61]- *L'île mystérieuse, op. cit.* Partie I, chapitre 1, p. 11.

régression brutale, jusqu'à devenir, en quelque sorte, « comme l'humanité de jadis [62]». En effet, la robinsonnade représente le retour au passé le plus reculé, avant tout état civilisé, avant le commencement de l'Histoire. Elle est issue de la nuit même des origines. Privés de tout, « les naufragés ne devaient rien attendre que d'eux-mêmes[63] », les Robinson sont brutalement ramenés à l'état d'hommes primitifs en face d'un monde sur lequel ils ne semblent plus avoir de prise.

De même, ce dénuement absolu ne doit pas faire allusion au malheur mais il est la condition d'une renaissance puisque « l'arrivée sur l'île, conçue comme une *nouvelle naissance,* inaugure une période paradoxale de *régression.* Rescapé, miraculé, Robinson *réapprend* à vivre, à se servir des objets, à les toucher, à se vêtir, à se nourrir, à s'abriter comme s'il venait de *(re)naitre.* [64]». En effet, il ne s'agit pas de subsister et de survivre mais de reconquérir.

2. L'appropriation de la nature

« La société n'est point une simple agglomération d'individus agissant par des volontés arbitraires ; elle est une réalité d'un ordre particulier, un véritable être[65] » ; il faut donc concrétiser et prouver son existence. Afin d'atteindre leurs objectifs, les Robinson commencent par faire un inventaire des ressources naturelles, ainsi que des ressources disponibles : outils, marchandises et effets de l'épave miraculeusement sauvés qui, pour eux, constituent un don providentiel, une matrice indispensable au refondement de leur identité perdue. En effet, les naufragés verniens ne bénéficient pas de l'épave du navire qui fournit à Robinson des « provisions, […] bouteille […] outils […] armes […] biscuits […] viande séchée […] vin […] poudre

---

[62]- *Vendredi ou les limbes du Pacifique*, op. cit. p. 47.
[63]- *L'île mystérieuse,op. cit.* Partie I, chapitre 6, p.63.
[64]- *Robinson Crusoe,op., cit.,* p. 25.
[65]- « Saint-Simon et l'Ecole saint-simonienne », in FelicienChallay, *La formation du socialisme, de Platon à Lénine*, Paris, Alcan, 1937, p. 64.

noire…». Ces objets ne leur parviennent dans un coffre que sept mois après leur naufrage dans une « caisse qui contenait des outils, des armes, des instruments, des vêtements, des livres… [66]» et d'un « brick [qui] possédait une cargaison très variée, un assortiment d'articles de toutes sortes, ustensiles, produits manufacturés, outils… [67]». Toutefois, les uns et les autres feront l'objet d'inventaire minutieux et d'entreposage méticuleux. De même, le don providentiel s'avère être un prodigieux magasin de ressources pour les naufragés. Il constitue l'élément déclencheur pour reconstruire toute une *civilisation* qu'ils viennent de perdre.

Tout comme l'homme de jadis, les Robinson « pass(ent) du stade de la cueillette et de la chasse à celui de l'agriculture et de l'élevage[68] ». Toutefois, s'ajoutant, à ces activités primitives, la suprême connaissance. Il est vrai que les colons de Vernes partent « de rien », mais ils disposent d'une technologie plus avancée que celle de leur ancêtre Robinson de Defoe : ils fabriquent de la « nitroglycérine [69]» pour assécher la caverne où ils vont s'installer, ils construisent un « ascenseur hydraulique[70] », posent des vitres de verre à leur demeure, installent un télégraphe électrique et rêvent même de « rouler en chemin de fer » ! Ainsi que le narrateur le souligne, « si, profitant de l'expérience acquise, ils n'avaient rien à inventer, du moins avaient-ils tout à fabriquer[71] ». Ils réussissent à survivre et même à bien vivre sur leur île, dépassant ainsi « de cent coudés les Robinsons d'autrefois, pour qui tout était miracle à faire.[72]».

Afin d'arriver à ces différentes inventions technologiques, les Robinson et/ou les « colons [73]» « procèd[ent] avec *méthode[74]* » et « à chacun sa

[66]- *L'île mystérieuse,op. cit.* Partie II, chapitre 2, p. 298.
[67]- *Ibid.,op. cit.* Partie III, chapitre 4, p. 603.
[68]- *Vendredi ou les limbes du Pacifique,op. cit.* p. 47.
[69]- *L'île mystérieuse,* op. cit. Partie I, chapitre 17, p. 211.
[70]- *Ibid.,* partie II, chapitre 9, p. 390.
[71]- *Ibid.,* partie I, chapitre 1, p. 153.
[72] - *Ibid.,* chapitre 19. p. 233.
[73]- *Ibid.* Partie I, chapitre 11, p. 134.
[74]- *Ibid.* partie I, chapitre 4, p. 39.

tâche[75] » ; ils se doivent alors de pratiquer différents corps de métiers en exploitant et asservissant les trois éléments de la nature à savoir : le vent, l'eau et la terre afin de pouvoir subsister aussi longtemps que possible dans cet univers inconnu :

> […] leur fer, leur acier n'étaient encore qu'à l'état de minerai, leur poterie à l'état d'argile, leur linge à leurs habits à l'état de matières textile [76]

Ce retour en arrière, cette rétrospection, ce véritable voyage dans le temps constitue une véritable métaphore de l'histoire de l'humanité.

Ainsi, tout au long de leur périple, les naufragés se retrouvent tour à tour dans la peau de différentes personnes, pratiquant alors des métiers aussi divers que nécessaires : ils travaillent d'abord l'argile, le métal, le bois puis l'osier, pour terminer par la raffinerie afin de fabriquer du sucre. Quand la nécessité fait loi, les hommes sont obligés de se débrouiller « en arrach(ant) à cette nature sauvage tout ce qui serait nécessaire à la vie [77]» afin d'améliorer leur situation et leur permettre de vivre sur cette île. De là, nous pouvons affirmer que le thème de Robinson n'était pas seulement qu'une histoire, mais bien l'instrument d'une recherche, une recherche qui part de l'île déserte et qui prétend reconstituer les origines et l'ordre rigoureux des travaux et des conquêtes qui en découlent avec le temps.

Une fois, les plantes cultivées, les fruits séchés, en même temps que toutes sortes d'objets manufacturés : table, chaise, meule, poterie, vannerie…, successivement, entrepôt et atelier construits, outils et produits de base disponibles, les colons peuvent alors passer au programme de la mise en sûreté de tous leurs biens au terme d'un travail ardu de retranchement, de clôture et de fortification. Après un laborieux stade de métamorphose, d'aménagement et de valorisation de l'espace mis à leur disposition, les

---

[75]- *Ibid.*
[76]- *Ibid.* Partie I, chapitre 13, p. 153.
[77]- *Ibid.* Partie I, chapitre 11, p. 126.

Robinson décident ainsi de cloîtrer, sur une île elle-même isolée, leur campement face aux menaces extérieures.

3.   La domestication de l'espace et du temps

La résurrection de l'homme civilisé à lui-même implique le retour du chien Tenn qui « appartenait à une de ces races de chiens (setter-laverack) qui manifestent un besoin vital, impérieux de la présence humaine, de la voix et de la main humaines […] Robinson conserva de cette rencontre comme une joie rémanente qui l'aida à vivre plusieurs jours [78] ». C'est ainsi que le critique Arlette Bouloumié commente l'épisode de l'apparition du chien :

« L'animal [Tenn], par une inversion plaisante, est le dépositaire des vertus de la *civilisation* [79]».

En effet, c'est le retour du chien, le plus domestique des animaux, qui pousse Robinson à se bâtir une maison ; il symbolise donc la victoire du héros sur les forces primitives qui l'entrainent vers la souille. Cet abri devient pour Robinson une sorte de *musée humain* « où il n'entrait pas sans éprouver le sentiment d'accomplir un acte solennel […] comme s'il rendait visite à ce qu'il y avait de meilleur en lui-même[80] ». Ce domicile est en fait la manifestation physique extérieure de « l'édifice personnel » d'homme civilisé où Robinson s'efforce de s'enfermer. « Et il semblait bien en effet que tout cet échafaudage artificiel et extérieur - branlant, mais sans cesse perfectionne - n'avait pour raison d'être que de protéger la formation d'un homme nouveau qui ne serait viable que plus tard [81]».

Il faut ajouter également l'acte d'écrire. La recréation du monde est une reconstitution de la société : le log-book comme le journal contenant le Code pénal et la Charte de l'île. De même que Robinson tient son calendrier en

---

[78] -*Vendredi ou les limbes du Pacifique,op. cit.* p. 32.
[79]- Arlette Bouloumié, *Arlette Boulimie commente Vendredi ou les limbes du Pacifique de Michel Tournier*, Paris, Gallimard, collection « Foliothèque », 1991, p. 81.
[80]- *Vendredi ou les limbes du Pacifique,op. cit.* p. 66.
[81] - *Vendredi ou les limbes du Pacifique,op. cit.* p. 82.

marquant un poteau, les naufragés verniens dressent « le relevé des jours écoulés dans l'île Lincoln ». Robinson tient son journal/log-book et le reporter Gédéon Spilett se charge de « noter les incidents des jours » qui se produisent sur l'île Lincoln. En effet, Robinson rétablit un ordre antérieur effacé par les éléments naturels. Cependant, ce n'est qu'après avoir commencé à écrire que Robinson inaugure son calendrier, geste qui lui permet de reprendre complètement possession de lui-même. Il exige que tout soit « dorénavant mesuré, prouvé, certifié, mathématique, rationnel[82] ». Et quand il retrouve l'empreinte de son pied enfoncée dans une roche, il voit dans « ce cachet séculaire – celui du pied d'Adam prenant possession du Jardin[83] » l'attestation que l'île porte le sceau indélébile et éternel « de son Seigneur et Maitre [84]».

Robinson se confectionne ensuite une clepsydre primitive qui lui permet de mesurer, de maitriser le temps : en arrêtant la tombée des gouttes d'eau dans la bonbonne de verre, Robinson arrive à suspendre le vol des heures. En effet, comme tout problème dans l'île se traduit en termes de chronologie, la domestication du temps favorise l'humanisation de l'île :

> Cette clepsydre fut pour Robinson la source d'un immense réconfort. Lorsqu'il entendait – le jour ou la nuit – le bruit régulier des goutes tombant dans le bassin, il avait le sentiment orgueilleux que le temps ne glissait plus malgré lui dans un abime obscur, mais qu'il se trouvait désormais régularisé, maitrisé, bref domestiqué lui aussi ; comme toute l'île allait le devenir, peu à peu, par la force d'âme d'un seul homme.[85]

Toutefois, cette nostalgie pour la *civilisation* ne s'arrête pas là dans l'asservissement de la nature :

Dès lors Robinson s'appliqua à vivre de rien tout en

---

[82]- *Ibid.*, p. 67.
[83]- *Ibid.*, pp. 56-57.
[84]- *Ibid.*, p. 57.
[85] - *Ibid.*,p. 66.

travaillant à une exploitation intense desressources de l'île. Il défricha et ensemença des hectares entiers de prairies et de forêts, repiqua tôt un champ de navets, de raves et d'oseilles [...] protégea contre les oiseaux et les insectes des plantations de palmiers à choux, installa vingt ruches que les premiers abeilles commencèrent à coloniser, creusa au bord du littoral des vivres d'eau douces et d'eau de mer dans lesquelles ils élevait des brèmes, des anges de mer, des cavaliers et même des écrevisses de mer... [86],

de l'espace et du temps même : « Ainsi la toute-puissance de Robinson sur l'île – fille de son absolue solitude – allait jusqu'à une maitrise du temps ![87] », dans un simple travestissement technique et mécanique de la nature mais s'en va jusqu'à la domestication des bêtes et des êtres humains « les sauvages ».

4. L'humanisation et la domestication des animaux

En effet, aussi bien que « Paul » le pauvre perroquet qui n'a pas échappé à l'atrocité humaine et auquel, Robinson, va apprendre un rudiment de langage « je lui appris promptement à connaitre son nom [88]», s'ajoute « Jup », l'intelligent quadrumane : « C'est ainsi que la colonie s'accrut d'un nouveau membre, qui devait lui rendre plus d'un service. Quant au nom dont on l'appellerait, le marin demanda qu'en souvenir d'un autre singe qu'il avait connu, il fut appelé *Jupiter*, et *Jup* par abréviation. Et voilà comme, sans plus de façons, maitre *Jup* fut installé à Granit-house [89]», l'orang-outang, capturé et apprivoisé par les colons verniens, doué d'une « intelligence quasi-humaine » et qui finit par devenir un domestique zélé et stylé, servant à table, aidant à la cuisine, fumant la pipe ; « Jup lançait gravement d'épaisses bouffées de tabac, ce qui semblait lui procurer des jouissances sans pareilles [90]» et dormait dans un lit :

---

[86]- *Ibid.,op., cit.,* p. 63.
[87]- *Vendredi ou les limbes du Pacifique. op. cit.,* p. 93.
[88]- *Robinson Crusoe,op. cit,* p. 168.
[89]- *l'île mystérieuse,op. cit.* Partie II, chapitre 6, p. 358.
[90] -*Ibid.* Partie II, chapitre 11, p. 436.

Maitre Jup n'avait point été oublié, et il occupait une chambre à part, près du magasin général, sorte de cabine avec cadre toujours rempli de bonne litière, qui lui convenait parfaitement [...] Il va sans dire que Jup était maintenant au courant du service. Il battait les habits, il tournait la broche, il balayait les chambres, il servait à table, il rongeait le bois, et, - détail qui enchantait Pencroff – il ne se couchait jamais sans être venu border le digne marin dans son lit. [91]

Le singe est présenté aussi sous des allures humoristiques :

Qu'on juge donc de la satisfaction que procura un jour maitre Jup aux convives de Granite-house, quand, la serviette sur le bras, il vint, sans qu'ils en eussent été prévenus, les servir à table. Adroit, attentif, il s'acquitta de son service avec une adresse parfaite, changeant les assiettes, apportant les plats, versant à boire, le tout avec un sérieux qui amusa au dernier point les colons et dont s'enthousiasma Pencroff [92].

De même, l'histoire de Jup cache au fond une signification sérieuse : c'est une allégorie de la naissance à l'humanité. Jup est l'être des origines, notre lointain ancêtre, saisi au moment miraculeux où il s'élève au-dessus de la bête brute, à l'aube de l'évolution qui le conduira jusqu'à l'homme. Il est, sans le savoir encore, à la conquête de l'humanité. Mais en même temps cette conquête reste impossible, car elle se heurte à une imperfection de nature : Jup ne parle pas, il ne peut donc devenir complètement homme. Sous-homme aspirant à l'humanité, mais réduit à sa caricature, il représente la limite inférieure, infranchissable, qui sépare l'animal de l'être humain. Celle que le singe ne peut dépasser, mais aussi celle que le Robinson, séparé de ses semblables, redoutera toujours d'approcher, et peut être de franchir.

5.   La surhumanisation de l'être humain (le sauvage)

Après quinze ans de complet isolement, Robinson est devenu un être

---

[91]- *Ibid.* Partie II, chapitre 9, p. 387.
[92]- *Ibid.* Partie II, chapitre 8, p. 378.

enfermé sur lui-même et insociable. Son insociabilité se manifeste dans son comportement féroce envers les éléments de la nature ; programme de coupe et de chasse excessif. Sur un même pied d'égalité, nous trouvons l'insociabilité humaine : Robinson est bouleversé par l'empreinte d'un pied sur la grève, puis par des os humains jonchés sur une partie de l'île. Ces événements inaugurent chez Robinson un nouveau programme de fortification et de retranchement pour se protéger et protéger ses richesses qui lui semblent indispensables à la survie.

Tout comme Robinson de Defoe, le Robinson tournierien à l'intérieur de ce règne tellurique que le Métis, Vendredi, arrive sur scène. Il faudrait préciser que Robinson n'a pas l'intention de le sauver de ses confrères meurtriers ; au contraire, sa visée est déviée, par hasard ou par la providence, par Tenn. Les relations entre Vendredi et Robinson « […] commencent alors par un quiproquo, la reconnaissance du sauvage à l'égard de Robinson n'étant guère méritée [93] », selon Arlette Bouloumié ; la scène où Vendredi s'agenouillant et mettant le pied de robinson sur sa nuque en guise de soumission constitue donc une reprise parodique de Defoe[94], de sorte que la déviation de la balle symboliserait le détournement du mythe robinsonien par Tournier. Notons que c'est ce détournement qui ouvre la voie de l'innovation puisqu'il permet la mise en scène, la mise en jeu de Vendredi initiateur.

Robinson considère que le nouvel arrivant ne mérite pas un nom chrétien parce qu'« un sauvage n'est pas un humain à part entière[95] » ; il le désigne du nom de Vendredi, nom du jour où il a été sauvé. De même « le Vendredi, c'est […] le jour de Vénus. [Il] ajoute que pour les chrétiens, c'est le jour de la mort du Christ. Naissance de Vénus, mort du Christ [96] » ;

---

[93]- *Arlette Boulimié commente Vendredi ou les limbes du Pacifique de Michel Tournier, op.,cit.,* p. 107.
[94]- *Ibid.*
[95]- *Vendredi ou les limbes du Pacifique,op.,cit.,* p. 247.
[96]- *Ibid.,* p. 228.

Robinson perçoit son compagnon comme un être « au plus bas degré de l'échelle humaine[97] » parce qu'il est de sang mixte. Toutefois, le racisme que manifeste Robinson n'est pas seulement un défaut personnel : il appert que les Araucans avaient choisi Vendredi comme victime sacrificielle pour la même raison : « Il paraissait de peau plus sombre, de type un peu négroïde, sensiblement différent de ses congénères – et peut-être cela avait-il contribué à le faire désigner comme victime [98]». Or, on voit dans la discrimination contre le Métis les préjugés de toute une époque. Ainsi, dans la mesure où l'arrivée de Vendredi a lieu durant l'époque de l'île colonisée, la relation initiale entre Vendredi et Robinson ne peut être que celle d'esclave et de maitre car :

> L'assujettissement de l'homme à un service d'esclave, sous toutes ses formes, suppose, chez celui qui assujettit, la disposition des moyens de travail sans lesquels il ne pourrait pas utiliser l'homme asservi, et en outre, dans l'esclavage, la disposition des moyens de subsistance sans lesquels il ne pourrait pas conserver l'esclave en vie. [99]

L'arrivée d'Autrui aurait pu réduire au silence cet appel spirituel de Robinson solitaire vers la société fraternelle. Pourtant, dans la mesure où il ne voit le Métis que comme un sauvage inhumain, sa présence ne l'incite qu'à réessayer sans succès la mise à flot de l'Evasion. Ce nouvel échec représente à ses yeux une justification de son entreprise civilisatrice et une incitation à la domestication du sauvage.

> Après ces années d'installation, de domestication, de construction, de codification, il a suffi de l'ombre d'un espoir de possibilité pour me précipiter vers ce piège meurtrier où j'ai failli succomber jadis. Acceptons-en la leçon avec une humble soumission. J'ai assez gémi de l'absence de cette société que toute mon œuvre sur cette terre appelait en vain. Cette société m'est donnée sous sa

[97]- *Ibid.*, p. 146.
[98]- *Ibid.*, p. 142.
[99]- F. Engels, *Le Rôle de la violence dans l'histoire,* chapitre II, III et IV de l'Anti-Dühring, Paris, Editions Sociales, 1969, p.11.

forme la plus rudimentaire et la plus primitive certes, mais il ne m'en sera sans doute que plus facile de la plier à mon ordre. La voie qui s'impose à moi est toute tracée : incorporer mon esclave au système que je perfectionne depuis des années. [100]

Bientôt, Vendredi saura « défricher, labourer, semer, herser, repiquer, sarcler, faucher, moissonner, battre, moudre, bluter, pétrir et cuire[101] ». Et pour récompenser ses efforts, il reçoit des pièces d'or :

Il lui a d'ailleurs apporté un premier sujet de satisfaction. Grâce à lui, le gouverneur a enfin trouvé l'emploi des pièces de monnaie qu'il a sauvées de l'épave. Il paie Vendredi. Un demi-souverain d'or par mois. [102]

Toutefois, si Robinson éprouve une satisfaction dans cette consécration de l'argent rescapé de l'épave, Vendredi semble ne jouir que de sa valeur matérielle qui lui permet d'acheter « de la nourriture en supplément, des menus objets d'usage […] ou tout simplement une demi-journée de repos qu'il passe dans un hamac de sa confection[103] ». En effet, Vendredi s'avère complètement réfractaire aux notions de calcul, d'économie et d'organisation[104].

Son irritation exacerbée par la nature indomptable de son compagnon, Robinson va jusqu'à lui imposer des tâches sans but ni raison. Toutefois, Vendredi ne se cabre pas devant ce labeur absurde ; « il [y] a même mis une sorte d'allégresse [105]». Or, Robinson démiurge se voit dans les yeux de son compagnon « sous les espèces d'un monstre, comme dans un miroir déformant [106]». Fidèle à la prophétie de Van Dyessel, Robinson-Roi, ayant triomphé par la force et imposé un or requis à son image, a remporté une

---

[100]- *Vendredi ou les limbes du Pacifique, op.,cit.,* p. 147.
[101]- *Ibid.,* p. 248.
[102]- *Ibid.,* p. 149.
[103]- *Ibid.,* p. 150.
[104]- *Ibid.,* pp. 164-165.
[105]- *Vendredi ou les limbes du Pacifique, op. cit.,* p. 156.
[106]- *Ibid.,* p. 155.

victoire apparente sur la nature.

De même que les Vendredi de Defoe et de Tournier, nous trouvons Ayrton ou « Ben Joyce[107] » de Verne. Or, cette fois-ci, il ne s'agit pas d'un Araucan ou d'un Métis mais d'un convict australien dont les traîtresses ont mis en péril, dans *les Enfants du Capitaine Grant*, l'expédition lancée à la recherche du capitaine disparu.

Abandonné en punition de ses crimes sur un îlot désert, Ayrton va être réduit par douze ans de solitude à un état de sauvagerie qui fait douter de sa véritable nature. Lorsque les compagnons de Cyrus le recueillent et le ramènent sur leur île, il n'est plus qu'un « monstre [108]» qu'ils prennent d'abord pour un singe, « un sauvage dans toute l'horrible acception du mot, et d'autant plus épouvantable, qu'il semblait être tombé au dernier degré de l'abrutissement ![109] ». Le devoir des colons sera donc de ramener Ayrton à l'humanité, grâce à une pédagogie morale qui portera finalement ses fruits. Laissé d'abord seul, le coupable se recueille, se confesse, se repent. C'est par le remords et les larmes qu'il retrouvera sa place dans l'humanité « Ah ! s'écria Cyrus Smith, te voilà donc redevenu homme, puisque tu pleures ![110] ».

L'histoire donc d'Ayrton est celle d'une réhabilitation et d'une réintégration. Celui que l'on avait cru perdu, ravalé au rang de la bête, ou pire, du « monstre », se retrouve parmi les hommes et reconquiert sa véritable nature. L'itinéraire d'Ayrton, au fond, est exactement l'inverse de celui de Jup : l'un est un singe que l'on pourra croire homme, mais qui reste singe – l'autre un homme que l'on aurait pu croire singe, mais qui redevient homme. Nous sommes ainsi confrontés à la définition de l'être, à la délimitation de l'humanité et de ses possibles.

---

[107]- *L'île mystérieuse,op.,cit.,* partie II, chapitre 17, pp. 509.
[108]- *Ibid.,* partie II, chapitre 14, pp. 463.
[109]- *Ibid.,* partie II, chapitre 14, pp. 463-465.
[110]- *L'île mystérieuse,op.,cit.,* partie II, chapitre XV, p. 481.

6. La prise de possession intellectuelle de l'île

Après ce long et dur processus d'exploration, exploitation et domestication à la fois de la nature, des animaux, du temps et des êtres humains, les Robinson décident de procéder à la désignation de leurs lieux. Pour le Robinson Defoéen, la nomination des lieux se réduit en fait à celle de l'île « [qu'il] nomm[a] l'île du Désespoir[111] » ; de même pour le Robinson tournierien, « l'île de la Désolation [112]» va être rebaptisée « l'île Spe[r]enza[113] ». Pour le reste, les Robinson se contentent de désignations fonctionnelles (forteresse, maison de compagne, etc.).

Par contre, la nomination des lieux de l'île Lincoln est plus développée que celle des Robinson, ce qui correspond à un aspect pratique lié à l'existence d'une petite société. Les colons choisissent d'abord « des noms empruntés à leur pays » (Washington, Franklin Lincoln, Granit), puis ils imaginent « des noms qui fassent figure » (Cheminées, promontoire du Reptile, cap Mandibule). Cette prise de possession intellectuelle de l'espace qu'ils occupent (île au milieu de nulle part), procédé de démarche géographique qui consiste à nommer, à décrire et à expliquer (dans la mesure du possible) ce que l'on voit : l'île est cartographiée (par le biais d'une toponymie précise), surtout pour les colons verniens, située géographiquement : « La colonisation est déjà presque achevée, les noms sont donnés à toutes les parties de l'île, il y a un port naturel, un aiguade, des routes, une ligne télégraphique, un chantier, une usine, et il n'y aura plus qu'inscrire l'île Lincoln sur les cartes ! [114]». Fondamentalement, il s'agit d'une colonisation de l'île, en vue de l'habiter au sens propre du terme. Les Robinson ne sont plus « considérés comme des naufragés, mais comme des

---

[111]- *Robinson Crusoé,op., cit.*, p. 113.
[112]- *Vendredi ou les limbes du Pacifique, op.,cit.*, p. 18.
[113]- *Ibid.*, p. 45.
[114]- *L'île mystérieuse,op. cit.* Partie III, chapitre 1, p.554.

colons qui sont venus ici pour *coloniser* [115]», et partant de là, leur mission consiste alors à survivre non pas pour survivre, mais pour perpétuer la tradition colonisatrice qui se développe alors dans de nombreuses nations, à commencer par l'Amérique : « Quant à moi, dit le marin, que je perde mon nom si je boude à la besogne, et si vous le voulez bien, monsieur Smith, nous ferons de cette île une petite Amérique ! Nous y bâtirons des villes, nous y établirons des chemins de fer, nous y installerons des télégraphes, et un beau jour, quand elle sera bien transformée, bien aménagée, bien civilisée, nous irons l'offrir au gouvernement de l'Union ![116] » Ainsi, ce qui aurait pu être assimilé à une fatalité, se retrouver seuls sur une île, est alors considéré comme une opportunité, celle d'apporter une étoile supplémentaire au drapeau américain.

---

[115]- *Ibid.,op. cit.* Partie I, chapitre 11, p. 134.
[116]- *Ibid.*

Chapitre 2 :

Pouvoir et autorité ou l'île administrée

1. Insularité, pouvoir et autorité

A l'époque de Defoe, les techniques littéraires se mêlaient aux techniques politiques et les hommes de lettres s'engageaient dans un débat concret. Le rapprochement est inévitable entre la représentation des concepts de pouvoir et d'autorité dans Robinson Crusoé et sa suite, et le pouvoir monarchique et dynastique au lendemain de la Révolution Glorieuse. Ce rapprochement va jusqu'à une réduplication, voire même à une sorte de projection fantasmée de l'île de Grande Bretagne sur l'île de Robinson.

Toutefois, au début du XVIIIème siècle, les considérations littéraires et politiques sont intrinsèquement liées ; les meilleurs œuvres de ce début de siècle sont celles chargées d'intentions politiques car elles aiguisent l'appétit des lecteurs avides d'être mis au fait des événements qui leur sont contemporains.

> Dès 1688, la question fondamentale de l'origine des sociétés politiques est la forme du gouvernement ne pouvait manquer de marquer les écrits de Defoe, homme de lettres profondément engagé dans les débats politiques de son temps et qui, de par ses activités de conseiller et d'espion gouvernemental pour Harley puis Godolphin, s'était fait une place au cœur du pouvoir. Cette position d'observateur-participant au sein du monde politique explique la place prépondérante du thème du pouvoir dans les textes de Defoe, et notamment dans sa plus célèbre fiction, Robinson Crusoé. [117]

En effet, à la lecture des textes de Defoe et de Tournier, nous pouvons percevoir un lien entre le thème de l'insularité et les thèmes du pouvoir et de l'autorité. Le huis-clos insulaire permet de concentrer les relations de pouvoir qui pour Charles Perraton peut dès lors être considéré comme une

---

[117]- Emmanuelle Peraldo, *Insularité, pouvoir et autorité dans Robinson Crusoé de Defoe*, Université de Versailles-Saint-Quentin, lines 4, p. 104.

forme généralisée de « gouvernement », qui assure la « conduite des conduites »[118]. Cependant, il distingue trois types de cas de pouvoir :

> Dans le premier cas, le pouvoir s'exerce en termes de *capacités techniques* et il est le lieu pour les individus d'entrer dans des rapportsdirects ou médiatisés (instrumentaux) de transformation du réel.Dans le deuxième, le pouvoir se manifeste sous la forme de *rapports de communication* entre les individus qui transmettent de l'informationet entrent dans des rapports de réciprocité et de fabrication desens grâce aux différents systèmes de signes. Dans le dernier cas, lepouvoir se concrétise dans les divers modes d'action entrepris par lesuns sur l'action des autres ; on parle alors de *relations de pouvoir*.[119]

Selon Max Weber[120], le pouvoir consiste à « imposer sa volonté dans le cadre d'une relation sociale, malgré les résistances éventuelles » ; il inclut les concepts de force et de contrainte, tandis que l'autorité est la capacité de se faire obéir sans avoir recours à ces deux concepts puisqu'elle instaure une relation légitime de domination et de sujétion. Dans ce sens, Annah Arendt[121] ajoute que l'autorité repose seulement sur sa reconnaissance de la part des sujets auxquels elle s'applique et qu'elle implique l'adhésion immédiate des volontés dans la transparence d'une reconnaissance de leur part se fondant sur l'évidence d'une supériorité, généralement d'ordre moral ou intellectuel. Les notions de pouvoir et d'autorité sont intrinsèquement liées puisque l'autorité est le fondement de la légitimité de l'exercice du pouvoir.

---

[118] - Charles Perraton, Etienne Paquette, Pierre Barette, *Robinson a la conquête du monde: du lieu pour soi au chemin vers l'autre*, Presse de l'Université du Quebec, 2007, p. 13.
[119]- *Ibid.*
[120]- *Insularité, pouvoir et autorité dans Robinson Crusoe de Defoe*, op. cit., p. 104.
[121]- *Ibid.*

2. Robinson ou le pouvoir absolu

Cette section vise à interroger la nature de la relation de Robinson à lui-même, à son île, et à autrui afin de définir la nature de la relation de pouvoir (ou d'autorité ?) au sein du site insulaire entre Robinson et les autres. Qui a le pouvoir ? De quel pouvoir s'agit-il ? Peut-on parler d'autorité du maitre ?

Robinson parvient à supporter l'isolement et le dénuement en se construisant par le langage et l'imagination une autorité fictionnelle à travers un personnage royal qui préside et gouverne tout un royaume. D'ailleurs, l'île déserte fonctionne comme l'image épurée de la Grande Bretagne puisque le texte propose la recréation de l'île de Grande Bretagne sur l'île déserte de Robinson :

> [...] j'étais Roi et Seigneur absolu de cette terre, que j'y avais droit de possession, et que je pouvais la transmettre comme si je l'avais eue en héritage, aussi incontestablement qu'un lord d'Angleterre son manoir.[122]

La simple utilisation du terme «Roi» pour désigner la royauté de Robinson signifie que le texte met en scène un déplacement vers le centre et l'île périphérique de Robinson reproduit le royaume de Grande Bretagne. Il est permis donc de lire *Robinson Crusoé* comme allégorie de la naissance de la Grande Bretagne mais sans son histoire. L'île de Robinson serait un espace vierge, sans Histoire, alors que celle d'Angleterre serait un espace occupé avec des traces visibles d'histoire. Mais, il y a toujours une histoire, une trace, partout, même sur une île déserte ; peut-être cette empreinte de pas sur le sable est-elle la marque de l'histoire de l'île de Robinson et le signe de la vanité de sa volonté de tout gouverner seul, d'être le seul à avoir découvert, nommé et donné son histoire à cette île ? Robinson est la représentation métonymique de l'empire colonial britannique dans son rapport avec

---

[122]- *Ibid.*

Vendredi qui est la métonymie de l'esclave et des pays colonisés.

En effet, tout comme le Robinson Defoéen, le Robinson tournierien crée une Charte et un Code pénal de l'île Speranza commencés le 1000ème jour du calendrier local.

> **Article 1** : Robinson Crusoé, né à York le 19 décembre 1737, est nommé Gouverneur de l'île de Speranza située dans l'océan Pacifique entre les îles de Juan Fernandez et la côte occidentale du Chili. En cette qualité, il a tout le pouvoir pour légiférer et exécuter sur l'ensemble du territoire insulaire et de ses eaux territoriales dans le sens et selon les voies que lui dictera la Lumière....[123]

Nous pouvons conclure en disant qu'un pouvoir a d'autant plus de légitimité et d'autorité qu'il s'autolimite. Ce sont les limites du pouvoir qui le rendent viable et qui constituent la condition *sine qua non* de son existence.

3. Le langage comme moyen de pouvoir

> La victoire des Blancs ne pouvait se faire sans la maîtrise des signes et des moyens de communication. Ils ont été incontestablement supérieurs aux Indiens sur le plan de la communication, n'hésitant pas à utiliser les moyens techniques mis à leur disposition et les interprètes au service de leur projet expansionniste. Alors que, pour les Indiens, le langage restait un instrument de désignation du monde et un moyen d'harmoniser leur rapport avec lui, les Blancs n'ont pas hésité à utiliser la communication comme instrument de domination.[124]

Le langage, acte par lequel on agit sur la volonté d'autrui, constitue toujours le cœur vivant du pouvoir, car le « langage masque l'être ». De peur de perdre la faculté de parler - « Je sais ce que je risquerais en perdant l'usage de la parole, et je combat de toute l'ardeur de mon angoisse cette suprême

---

[123]- *Vendredi ou les limbes du Pacifique,op.,cit.*, p. 71-72.
[124] - *Robinson à la conquête du monde: du lieu pour soi au chemin vers l'autre*, *op. cit.*, p.16.

déchéance. [125]» -, Robinson commence le premier acte de langage qui consiste à donner un nom à cet homme : son nom n'est pas un nom ; il est déterminé par les circonstances, par la providence qui l'a amené là :

> Il fallait trouver un nom au nouveau venu. Je ne voulais pas lui donner un nom de chrétien avant qu'il ait mérité cette dignité. Un sauvage n'est pas un être humain à part entière. Je ne pouvais pas non plus décemment lui imposer un nom de chose, encore que c'eut été peut être la solution de bon sens. Je crois avoir résolu assez élégamment ce dilemme en lui donnant le nom du jour de la semaine ou je l'ai sauvé : Vendredi.[126]

Le nom que Robinson se donne n'en est pas un non plus mais marque sa domination. De plus, Robinson impose sa langue à Vendredi et ne fait aucun effort pour apprendre la sienne, ce qui présuppose une supériorité naturelle de la culture de Robinson : « en peu de temps, je commençai à lui parler et à lui apprendre à parler [127]».

Le langage chrétien, à travers la Bible, qui est le seul vrai interlocuteur de Robinson pendant toutes ses années solitaires, joue également un rôle important dans la définition du pouvoir de Robinson, notamment dans ce que nous considérons comme l'acte fondateur de son autorité : sa conversion spirituelle.

En effet, nous pouvons même évoquer le pouvoir scientifique et c'est le cas des Robinsons de Verne, surtout Smith, qui avec sa main d'une dextérité extraordinaire a pu monopoliser les dons naturels de l'île et transformer cette dernière en une titanesque « négresse de fer [128]». Toutefois, selon Jefferson, les pouvoirs de la science donnent à l'homme les moyens de maîtriser la nature. La prise de possession du territoire exige de ce point de vue « que le

---

[125]-*Ibid.*, p. 53.
[126]- *Vendredi ou les limbes du pacifique,op.,cit.*, p. 147-148.
[127]- *Robinson Crusoé,op., cit.*, p. 259.
[128]- *l'utopie ou la mémoire du futur : De Thomas More à Lénine, le rêve éternel d'une autre société, op. cit.*, p. 222.

monde vivant, sous toutes ses espèces, soit méthodiquement nommé, mesuré, décrit [...] [129]». Mais la conquête du territoire demande davantage que la maîtrise des techniques, et c'est sur l'autorité de la raison et la justice que l'homme blanc pourra compter pour inclure l'Indien dans ce mouvement expansionniste. C'est avec l'Indien ou contre lui que le destin s'accomplira.

> Et considérant l'intérêt que toutes les nations ont à étendre & renforcer l'autorité de la raison & la justice auprès des peuples qui les entourent, il sera utile de recueillir toutes les informations possibles sur l'état de la moralité, de la religion & de l'instruction chez eux, puisqu'elles peuvent permettre à ceux qui œuvrent à les civiliser et à les instruire d'adapter leurs mesures aux principes & usages de ceux auprès desquels ils sont appelés à agir.[130]

4. La relation dominant-dominé

La relation dominant-dominé, maitre-esclave subit donc une évolution à travers le récit pour prendre l'apparence d'un « contrat » librement consenti et d'un enrichissement mutuel des deux parties qui deviennent un tout insécable. Vendredi acquiert un savoir et donc un pouvoir qu'il n'avait pas au début et comme nous l'avons vu « Vendredi appartient corps et âme à l'homme blanc [131]», sa conversion le place sur un pied d'égalité sur le plan spirituel avec Robinson, tandis que Robinson, egocentrique et ethnocentriste, n'ouvre que très peu son esprit à la nouvelle culture.

> Tout ce que son maitre lui ordonne est bien, tout ce qu'il défend est mal. Il est bien de travailler nuit et jour au fonctionnement d'une organisation délicate et dépourvue de sens. Il est bien d'être soldat quand le maitre est général, enfant de chœur quand il prie, maçon quand il construit, valet de ferme quand il se consacre à ses terres, berger quand il se préoccupe de ses troupeaux, rabatteur quand il

---

[129]- Jefferson, *Lettre à Meriwether Lewis*, le 20 juin 1803, cité dans Blanc, 1997 et repris par Charles Perraton dans *Robinson à la conquête du monde : du lieu pour soi au chemin vers l'autre, op. cit.*, pp.15-16.
[130]- *Ibid.*
[131]- *Vendredi ou les limbes du Pacifique,op.,cit.*, p. 148.

chasse, pagayeur quand il souffre, et d'actionner pour lui l'éventail et le chasse-mouches. Il est mal de fumer la pipe, de se promener tout nu et de se cacher pour dormir quand il y a à faire. [132]

Après Vendredi, Robinson doit faire face à l'intrusion progressive des humains ; de nouveaux personnages mettent leurs pieds sur l'île par l'intermédiaire des cannibales. Ce sont les cannibales qui, une fois encore, vont servir de truchement entre l'île du Désespoir et le monde extérieur : une seconde fois, Robinson va sauver un marin espagnol, puis le père de Vendredi et enfin des marins anglais, à la suite d'une mutinerie. L'île de l'insulaire commence donc à se peupler, et le triomphe de Robinson approche.

Assuré de son pouvoir, Robinson peut s'offrir le luxe de garantir la « liberté religieuse » à ses sujets : le solitaire accorde « la liberté de conscience dans toute l'étendue de ses Etats[133] ». A toute personne rencontrée, Robinson offrira l'alternative suivante : ou la guerre, ou une signature au bas du contrat où ils devraient « juger sur les saints sacrements et l'Evangile d'être loyaux avec [lui], [...] et d'être soumis totalement et absolument à [s]es ordres ». Et avec les matins, le solitaire adopte la stratégie suivante : ce sera pour les trois malheureux, la délivrance en échange d'un assujettissement complet : « écoutez, Monsieur, lui dis-je [au capitaine], si j'entreprends votre délivrance êtes-vous prêts à faire deux conditions avec moi. [134] »

Comme on se l'imagine, le capitaine se rend à toutes les conditions de Robinson. A noter que durant toute cette affaire, Robinson se tient à distance, comme il convient maintenant à un homme de son rang ; « je me tiens hors de leur vue pour des raisons d'Etat[135] ». Usant désormais du langage, des

---

[132]- *Ibid.*, pp. 148-149.
[133] - *Robinson Crusoé, op., cit.*, p. 298.
[134]- *Robinson Crusoé, op., cit.*, pp. 313-314.
[135]- *Ibid.*, p. 327.

procédures et des institutions du droit public, il fait conduire les rebelles de la mutinerie « en prison », en même temps qu'il instruit leur « procès ». Ici encore, la décision prendra la forme d'une négociation : ce sera ou le renvoi en Grande Bretagne où les meneurs n'échapperont pas à la pendaison, ou l'abandon dans l'île. Nous comprenons à ce moment que Robinson est enfin résolu à regagner le monde. Le gouverneur dut se montrer persuasif, car les mutins acquiescent avec reconnaissance à cette manière de « peine alternative ». Ils resteront donc dans l'île poursuivant l'œuvre civilisatrice de Robinson dans l'espoir de bénéficier, à son image, des vertus de la régénération par le travail et la pénitence. Somme toute, après la reconquête subjective de soi, l'accaparement de l'île (une île inventoriée, transformée, aménagée, exploitée) et l'assujettissement d'autrui par voie contractuelle, trône l'idée de propriété : Robinson est le Souverain, l'Empereur, le Roi et le Seigneur de son « Royaume ».

Chapitre 3 :

Vers la reconstitution de la négresse de fer

Comment rester homme, comment sauvegarder l'homme en soi ? Telle est l'angoissante question qui se pose à tout Robinson. Comment éviter le dénuement, parce que la situation est radicale. Comment à partir de « rien », préserver l'homme ? C'est le point central dans la Robinsonnade, que ce combat pour l'humanité, c'est la signification symbolique de toute l'entreprise robinsonienne, surtout celle de Cyrus Smith et de ses compagnons, et la plus grande victoire des colons, malgré la description de leur île, sera de se retrouver à la fin encore hommes, et peut-être plus hommes qu'ils ne l'avaient été au commencement et c'est grâce à la science et avec une précision mathématique et scientifique, qu'ils peuvent être entourés de circonstances qui doivent augmenter graduellement leur bonheur et supprimer facilement leur misère.

1. Entre archaïsme et invention ou l'eugénisme scientifique

Tout comme leur ancêtre Robinson defoéen, pour combler leur vide et pour briser l'entrave de la « solitude », les Robinson verniens entament une série de tâches inachevées afin de « quadriller l'espace, de domestiquer le temps, de hiérarchiser les règnes, de classer et d'étiqueter l'univers [136]». Ils activent leur chronomètre et commencent leur ouvrage centré sur la fabrication-exploitation-transformation de l'univers naturel dans le dessein de reconstruire un monde, un monde utopique où s'impose la figure de l'*artifex*[137], celui qui par action, modifie la nature et la soumet à sa volonté. Ils se soumettent à la lettre, tel leur aïeul, à la vocation religieuse

[136]- Lise Andries, *Les images et les choses dans Robinson et les Robinsonnades,* Etudes Françaises, vol.35, n.1, 1999, p. 108.
[137]- *L'utopie, op. cit.*, p. 144.

anglaise « calling : travail saint à la gloire de Dieu [138]».

Nantis de divers objets parvenant du Don Providentiel, « Auteur de toutes choses », Les Robinsons/colons commencent leur labeur afin de monopoliser l'île en transformant la nature barbare en une culture moderne. De même, il s'agit d'assigner une place à chaque chose et d'ordonnancer progressivement le monde selon une logique classificatrice et productiviste qui ne laissera bientôt plus aucune place au hasard.

Or, à la différence absolue des Robinson (Tournierien ou Defoéen) qui passent beaucoup de temps à produire des choses simples et dont ils avaient besoin : pic, pelle, brouette, panier… et même des choses dont ils trouvent difficulté à en concevoir « il était de toute impossibilité d'en faire », les Robinson/colons commencent un programme de fabrication sophistiquée grâce à Cyrus Smith ; il est question ici d'un relatif triomphe de la science dans la mesure où « [leur] foi dans l'ingénieur était absolue. Rien n'eut pu la troubler. [Ils] le croyait capable de tout entreprendre et de réussir à tout [139]», qu'il avait un esprit d'une générosité encyclopédique :

> Les colons n'avaient point de bibliothèque à leur disposition ; mais l'ingénieur était un livre toujours prêt ; toujours ouvert à la page dont chacun avait besoin. Un livre qui résolvait toutes les questions qu'ils feuilletaient souvent. [140]

Dépositaire du savoir, « Cyrus Smith instruisait ses compagnons en toutes choses, et il leur expliquait principalement les applications pratiques de la science.[141] » ; il est le père de la colonie de l'île Lincoln et son sorcier scientifique. Sa vie n'est pas seulement précieuse, elle est indispensable à celle de ses compagnons. Sa disparition, au début du roman, leur eut été

[138]- www.dhdi.free.fr/recherches/gouvernances/articles/ostrobinson.htm. Consulté le 12/07/2012.
[139]- *L'île mystérieuse,op.,cit.,* partie I, chapitre 19, p. 232.
[140]- *Ibid.,op.,cit.,* partie I, chapitre 22, p. 273.
[141] -*Ibid.*

catastrophique. Foncièrement bon, confiant dans la providence comme un pionnier américain, il est l'âme du groupe. Solide de constitution, il est de toutes les tâches.

2. Vers la reconstitution de la Cité idéale

L'espace naturel est pour le Robinson de Defoe et ou de Tournier un espace « inculte », « infortuné » qui fait de l'île un lieu de « désespoir » et ou de « désolation » ; par ailleurs, la contemplation naturelle des richesses à l'abri de ses murailles ne suffit pas à un tempérament industrieux. Mais le besoin et la nécessité vont déclencher l'entreprise robinsonienne spécialisée dans la transformation des données naturelles (produits bruts) en des produits artificiels par le travail et la technique ; cet écharnement au travail vise une transformation du réel tout entier. Robinson s'applique successivement à tous les métiers, comme si, sur une île déserte, vierge de toute trace humaine, il était appelé à récapituler toute l'histoire de l'humanité : redécouvrant tous ses actes, réinventant toutes ses techniques, fabricant un à un tous ses objets « Donnez-lui une caisse à outils, et il reconstruit la *civilisation* [142]». Les Robinson verniens par contre qui, malgré leur dénuement absolu, sont munis d'un Vrai Don salvateur qui est la science en la personne de Cyrus Smith : « L'ingénieur était pour eux un microcosme, un composé de toute la science et de toute l'intelligence humaine [143]». En effet, l'île Lincoln est l'espace de la richesse géologique et minérale « Mes amis, ceci est du minerai de fer, ceci une pyrite, ceci de l'argile, ceci de la chaux, ceci du charbon. Voilà ce que nous donne la nature, et voilà sa part dans le travail commun ![144] ». La nature est donc si bien généreuse « si riche et si fertile [145]»

---

[142]- M. Baridon, *Robinson, jardinier en l'île*, p.69.
[143]- *L'île mystérieuse,op.,cit.*, partie I, chapitre 9, p. 100.
[144]- *Ibid.*, partie I, chapitre 12, p. 151.
[145]- *Ibid.*, partie I, chapitre 21, p. 256.

Néanmoins, l'idée de Providence ou « Auteur de toutes choses[146] » inscrit l'île dans une dimension métaphysique, surnaturelle. En plus de disposer de matières premières riches et abondantes, l'île se double d'une aide providentielle qui l'inscrit parfaitement dans la lignée du jardin d'Eden évoqué dans la Bible.

Telle est donc la situation paradoxale des naufragés de l'*île mystérieuse* : ils sont à la fois les plus démunis et les mieux armés. Les plus proches en apparence de la sauvagerie, et les plus aptes à retrouver le niveau de la *civilisation* dont ils ont été privés. Le roman se présentera donc comme l'histoire (au double sens du mot, récit et chronologie) d'une récupération qui reproduit à peu près fidèlement l'évolution de l'humanité, à partir des origines. Après la reconquête du feu « le feu était allumé [147]», il faut commencer « par le commencement [148]», c'est-à-dire par l'invention du « premier outil » (deux couteaux fabriqués avec le collier de Top[149]), et la construction « d'un appareil qui put servir à transformer les substances naturelles ». Ce sera un « four de potier[150] », d'où sortiront tous les objets de première nécessité : briques, vases de toutes sortes. Viendra ensuite « la période métallurgique [151]» qui permettra aux naufragés d'obtenir tous les instruments de fer et d'acier nécessaires à savoir : scies, ciseaux de charpentier, des fers de pioche, de pelle, de pic, des marteaux, des clous, etc. « façonnés grossièrement, il va sans dire [152]». Ensuite, à partir de la découverte providentielle d'un grain de blé[153], multiplié à l'infini en quatre récoltes miraculeuses, se développera l'agriculture en un grand « champ de blé[154] ». Puis la domestication des bêtes de trait et l'élevage, des

---

[146]- *Ibid.,op.,cit.,* partie I, chapitre21, p. 259.
[147]- *Ibid.,* partie I, chapitre 6, p.64.
[148]- *Ibid.,* partie I, chapitre 13, p.153.
[149]- *Ibid.,* partie I, chapitre 13, p. 154.
[150]- *Ibid.*
[151] - *L'île mystérieuse,op.,cit.,* partie I, chapitre 15, p. 186.
[152]- *Ibid.* p.191.
[153]- *Ibid.,*chapitre 20, p. 247.
[154]- *Ibid.,* chapitre 21, p. 251.

modifications qui abordent dans l'île permettront de soulager l'effort humain et de confectionner des vêtements, de laine. Enfin, Cyrus Smith, en fabriquant une pile électrique, pourra établir, entre l'habitation de Granite-house et le corral ou sont parqués les animaux d'élevage, un « télégraphe électrique » digne des moyens de communication les plus modernes. Ainsi se trouve parcourue en moins de quatre années (1865-1869) toute l'échelle des progrès techniques contemporains :

> Et maintenant, grâce au savoir de leur chef, grâce à leur propre intelligence, c'étaient de véritables colons, munis d'armes, d'outils, d'instruments, qui avaient su transformer à leur profit, les animaux, les plantes et les minéraux de l'île, c'est-à-dire les trois règnes de la nature. [155]

3. L'utopie vernienne entre l'utopie saint-simonienne et l'utopie fouriériste

Le monde vernien rejoint par excellence, à la fois, et l'utopie saint-simonienne et l'utopie fouriériste. La première parce que les colons forment trois groupes que Saint-Simon classent comme suit : des « industriels les plus importants[156] », des «savants positifs[157] » et des « artistes les plus importants [158]» ou plus encore *l'homo faber, l'homo sapiens, l'homo ludens* tels qu'ils sont mentionnés dans l'ouvrage de Paul Ricœur[159]. Toutefois, Saint-Simon considère l'industriel comme « tout homme qui travaille à produire ou à mettre à la portée des différents membres de la société, un ou plusieurs moyens matériels de satisfaire leurs besoins ou leurs goûts physiques [160]» ; ce qui est semblable à la situation des colons verniens. Il

---

[155]- *Ibid.*, partie II, chapitre 8, p. 384.
[156]- *L'utopie ou la mémoire du futur : de Thomas More a Lénine, le rêve eternel d'une autre société,op.,cit.,* p. 151.
[157]- *Ibid.*
[158]- *Ibid.*
[159]- *L'idéologie et l'utopie, op. cit.,* p. 388.
[160]- Saint-Simon, *Catéchisme des industriels, in la Pensée politique,* Aubier-Montaigne, 1979, p. 194.

ajoute dans le même contexte qu'ainsi, un cultivateur qui sème du blé, qui élève des volailles, des bestiaux, est un industriel ; un charron, un maréchal, un serrurier, un menuisier, sont des industriels ; un fabriquant de souliers, de chapeaux, de toiles, de draps, de cachemires, est également un industriel[161]. Or, l'industriel est aussi celui qui a contact ; direct avec la machine ; le produit final ne pourra avoir lieu que par l'intermédiaire de la machine ce qui fait de l'industriel un *homo mecanicus* ; un homme mécanique alors que l'artisan est celui qui entre en contact direct avec la matière ; le produit en sera le résultat de l'intervention tactile de l'artisan et de la matière première et c'est le cas des colons de l'île Lincoln qui sont à la fois des artisans et des industriels qui, réunis, travaillent à produire et à mettre à la portée de tous les membres de la société, tous les moyens matériels de satisfaire leurs besoins ou leurs goûts physiques. Quant à la seconde, c'est-à-dire l'utopie fouriériste, pour laquelle, à l'industrie et à la production s'ajoute l'attraction passionnée qui « est l'impulsion donnée par la nature antérieurement à la réflexion, et persistante malgré l'opposition de la raison, du devoir, du préjugé, etc. [...] [elle] a tendu et tendra à trois buts :

> 1) au luxe ou plaisir des cinq sens ;
>
> 2) aux groupes et aux séries de groupes, liens affectueux ;
>
> 3) au mécanisme des passions, caractères, instincts, et par suite à l'unité universelle.[162]

Le travail est pratiqué par plaisir et suscite l'harmonie entre les membres. Un monde sociétaire bien conçu, et donc heureux, serait celui où les passions de tous, organisées et combinées, pourraient s'épanouir pleinement au lieu de se gêner et de se combattre et c'est le cas de la communauté vernienne au sein de laquelle nous trouvons une cohésion totale et une complémentarité qui tissent les relations humaines.

---

[161]- *Catéchisme des industriels,* op.,cit., p. 194.
[162]- *Utopies et utopistes,* op.,cit., p. 43.

Chapitre 4 :

Le travail comme mode de perfection

1. Travailler », le mot

Le thème du « travail » est très récurrent dans les robinsonnades et/ou utopies, Qu'est-ce que « travailler » ? Dans son ouvrage *Utopies et utopistes*, Thierry Paquot[163] définit le « travail » tel un tourment, une peine, une fatigue qui évoque également les douleurs de l'enfantement, le « travail » de la femme qui accouche. Il est vrai que le verbe « travailler » vient du latin populaire *tripaliare*, action de torturer au moyen du *trepalium*, un sinistre instrument de torture possédant trois pieds, trois pieux. « Travailler » quelqu'un, dans la tradition du polar, revient à le faire souffrir, à le faire avouer. N'oublions pas que le mot « bourreau » dérive du verbe « bourrer », c'est-à-dire « maltraiter », comme en témoigne encore « bourrade », qui lui est parent. On peut préférer le verbe « œuvrer », qui vient également du latin *operare*, s'occupe de qui désigne bien l'action de travailler, mais dans le sens de réaliser une « œuvre » (*opus* en latin et *ergon* en grec : énergie, richesse). Quoi qu'il en soit, on pouvait espérer que la malédiction divine par le travail (tu te nourriras à la sueur de ton front !) serait abolie par les utopistes et que, dans leurs nouvelles sociétés, l'abondance régnerait sans nécessité d'un travail contraint, régulier, discipliné et parfois disciplinaire. Le fait de travailler n'est pas une donnée anthropologique, mais culturelle.

2. La perfectibilité ou le culte du travail

La question que pose l'utopie fut longtemps celle de la possibilité : la perfection est-elle accessible, humainement réalisable ? Cependant, depuis le XVIIIème siècle, mais surtout à partir de la seconde moitié du siècle suivant, une seconde interrogation vient s'ajouter à la première, et va même tendre, peu à peu, à s'y substituer : une telle perfection serait-elle supportable ? En admettant qu'il y parvient, ce que l'évolution politique, scientifique et

---

[163]- *Utopies et utopistes, op., cit.*, p. 35.

technique rend de moins en moins invraisemblable, l'homme construirait-il autre chose qu'une prison dorée, un palais de cristal incompatible avec sa nature profonde ?

Saloua Adli dans l'introduction de sa thèse intitulée *La perfectibilité chez Rousseau*, définit la perfectibilité comme suit :

> La perfectibilité semble être un mot commode pour parler des perfectionnements dont l'homme est à la fois l'objet et le sujet. Elle est le signe de tous les changements survenus dans l'histoire et de toutes les capacités que l'homme a déployées pour s'élever au-dessus de sa condition originelle. De ce point de vue, elle ne peut que refléter le succès d'une évolution historique en perpétuelle ascension, susciter la fierté des hommes qui contribuent à cette avancée, et celle de ceux qui en bénéficient. Sa naissance au cœur du siècle des Lumières symbolise d'autant plus la prise de conscience de cette faculté propre à l'homme, en cette ère où le progrès de l'espèce s'impose comme une réalité intangible[164].

Depuis la nuit des temps, la pensée utopique accorde au travail, comme mode de perfectibilité, une valeur de premier plan. L'oisif, le rentier, le paresseux n'ont pas droit de Cité : ne participant pas à l'œuvre commune, ils n'ont aucun titre à en bénéficier, et ils seront, au mieux, voués à mourir de faim – mais plus généralement châtiés comme rebelles et comme déserteurs. L'utopie est « un Eden ou l'on travaille [165]». A cet égard, le travail n'y est plus un châtiment, mais une joie, un véritable plaisir, en même temps que la source du bonheur collectif. Peut en témoigner, à titre d'exemple, le cas des Robinsons de Defoe qui estime que « jamais joie pour une chose si minime n'égala celle qu' [il] ressenti[t] en voyant qu[il] j'avai[t] fait un pot qui pourrait supporter le feu[166] », c'est le plaisir pur de la création, l'émerveillement de voir que cela fonctionne ; ceci va de même pour les

---

[164] - Saloua Adli, *La perfectibilité chez Rousseau*, mémoire du Master, p. 2.
[165]- *L'utopie,op.,cit.,* p. 144.
[166]- *Robinson Crusoé,op., cit.,* p. 170.

Robinsons verniens quand « le feu était allumé[167] », « le jeune garçon [Harbert] n'avait jamais de sa vie été aussi impressionné. Le cœur lui battait fort. Prométhée allant dérober le feu du ciel ne devait pas être plus ému ! [168]». A Robinson Defoéen s'ajoute le Robinson de Tournier (avant l'explosion de la grotte) qui fondent à eux seuls toute la civilisation par le seul pouvoir de la raison :

> Je me mis donc à l'œuvre ; et ici je constatais nécessairement cette observation que la raison étant l'essence et l'origine des mathématiques tout homme qui base chaque chose sur la raison, et juge les choses le plus raisonnablement possible, peut avec le temps passer maitre dans n'importe quel art mécanique. [169]

Ils représentent l'histoire en raccourci de l'humanité depuis l'invention du feu, de la boulangerie, de la poterie, de l'agriculture. C'est l'image vivante de l'individualisme conquérant. De même, les Robinsons de Verne qui, à leur tour, glorifient le travail comme axe de prospérité, d'épanouissement collectif et l'unique vainqueur de la régression. En effet, les colons vont tous se soumettre aux conseils et aux instructions de leur chef Cyrus Smith qui « était pour eux un microcosme, composé de toute la science et de toute l'intelligence humaine ![170] », entament le film de l'histoire humaine tout en se basant sur la salvatrice science afin « d'arracher à cette nature sauvage tout ce qui serait nécessaire à la vie [171]».

Toutefois, comme nous avons vu que, dès leur arrivée, les Robinson commencent « par le commencement » ; tout est à recréer et à fabriquer « Le temps leur manquait, puisqu'ils devaient immédiatement subvenir aux besoins de leur existence, et si, profitant de l'expérience acquise, ils n'avaient rien à inventer, du moins avaient-ils tout à fabriquer. Leur fer, leur

---

[167] - *L'île mystérieuse,op.,cit.*, partie I, chapitre 6, p. 64.
[168]- *Ibid.,op.,cit.*, partie I, chapitre 5, p. 59.
[169]- *Robinson Crusoé*, p. 111.
[170]- *L'île mystérieuse,op.,cit.*, partie I, chapitre 9, p. 232.
[171]- *Ibid.,op.,cit.*, partie I, chapitre 11, p. 126.

acier n'étaient encore qu'à l'état de minerai, leur poterie à l'état d'argile, leur linge et leurs habits à l'état de matière textile [172]». A quoi il faut ajouter que cette valorisation n'est pas sans rapport avec la nature même du projet utopique, création artificielle, et donc résultat d'un travail (de conception, de construction). S'opposant à une culture de la contemplation, l'utopie que ce soit Defoéenne, tournierienne ou vernienne impose la figure de l'*artifex,* la pure volonté de travestir la nature en culture :

> Je veux, j'exige que tout autour de moi soit dorénavant mesuré, prouvé, certifié, mathématique, rationnel […] Je voudrais que chaque plante fut étiquetée, chaque oiseau bagué, chaque mammifère marqué au feu. Je n'aurai de cesse que cette île opaque, impénétrable, pleine de sourdes fermentations et de remous maléfiques, ne soit métamorphosée en une construction abstraite, transparente, intelligible jusqu'à l'os[173].

En ce sens, le « grand législateur » utopique et ou*Utopus* est bien l'image de, de Robinson de Defoe, de Robinson de Tournier et de Cyrus Smith, le Robinson de Verne n'est que l'archétype, le modèle que chaque habitant de la Cité radieuse devra, dans un ordre, s'efforce d'imiter : n'étant pas sur terre pour faire son salut dans l'autre monde, mais pour transformer ce monde-ci, et contribuer à en faire un paradis, un monde idéal où le mot « impossible » était rayé du dictionnaire[174] et ou tout le monde « hommes et animaux se portaient merveilleusement bien[175] ».

De même, la perfection réside dans la *sécurité* dont jouit la colonie Defoéenne, tournierienne et vernienne, protégée contre les dangers extérieurs par son insularité (insularité reproduite à nouveau de l'île par l'imprenable fortification). Le second aspect, l'*identité*, est étroitement liée au précédent, puisqu'il s'agit, là encore, de surmonter l'effroi et l'incertitude

---

[172]- *L'île mystérieuse, op.,cit.,* partie I, chapitre13 , p.153.
[173]- *Vendredi ou les limbes du Pacifique, op.,cit.,* p. 67.
[174] - *L'île mystérieuse,op.,cit.,* partie I, chapitre 18, p. 218.
[175]- *Ibid.,* partie II, chapitre 9, pp. 388-722.

qui naissent de la différence. La colonie utopique sera donc le règne du « *même* », que manifeste notamment l'uniformisation généralisée du langage, des mœurs, des lois…

Il est aussi très important que ce cadre stable soit le fait qu'il résulte de la *volonté* et de l'agir humain. Plus encore, la dimension *activiste* de l'utopie. En effet, c'est le législateur mythique qui amena une foule ignorante et rustique à la civilisation, c'est lui qui a opéré le passage. Mais la manifestation la plus spectaculaire de ce volontarisme est sans doute la *création* quasi démiurgique de l'île, transformation et transgression de la nature au profit d'une humanité qui n'est plus condamnée à lui obéir. D'emblée, l'utopie apparait donc comme une civilisation de (et par) la technique, où l'artifice subordonne une nature hostile.

Chapitre 5 :

La Cité idéale

1. Une communauté sociétaire

A l'opposé de Defoe et de Tournier chez qui l'histoire ne concerne qu'un seul et unique naufragé portant en lui toute une humanité, tout un monde civilisé et dont « l'arrivée sur l'île, conçue comme une nouvelle naissance, inaugure une période paradoxale de régression. Rescapé, miraculé, Robinson réapprend à vivre, à se servir des objets, à les toucher, à se vêtir, à se nourrir, à s'abriter comme s'il venait de (re)naitre [176]» et qui « semblable au premier homme sous l'Arbre de la Connaissance [177]» est appelé devant une « terre sauvage qu'il avait su maitriser, puis apprivoiser pour en faire un milieu tout humain [178]». Cette soif pour l'humanité va faire de Robinson un homme déshumanisé, un automate qui ne pense qu'à l'industrie et marginalise toutes sortes de relation humaine, un homme renfermé sur soi-même et refusant toute intégration d'autrui. Les Robinson de Verne représentent ainsi la diversité des types d'hommes sur terre, allant du nègre Nab, à l'ingénieur Smith, sans oublier Ayrton, l'homme victime de l'abrutissement, le chien Top qui témoigne lui aussi (pour la race canine) d'une capacité d'adaptation et d'une intelligence tout aussi surprenante. Tel maitre, tel chien, comme le dit bel et bien l'expression, et l'orang-outan, Jup, est lui aussi un singe humanisé. Les hommes et les animaux sont bien représentés dans ce roman, et de nombreux exemples témoignent de l'idée selon laquelle l'union fait la force et ce à tous les niveaux. Cependant les membres de la Communauté sont « liés les uns les autres par une amitié fraternelle [179]». Effectivement, l'union des hommes leur permet de mettre à exécution les différents travaux nécessaires à leur installation sur l'île car « [ils] sont des braves gens ne semblaient point redouter l'avenir [180]». De plus, ils sont « honnêtes,

---

[176]- *Robinson Crusoé, op., cit.,* p. 25.
[177]- *Vendredi ou les limbes du Pacifique,*op.,cit., p. 31.
[178]- *Ibid.* p. 47.
[179]- *L'île mystérieuse,op. cit.,* partie III, chapitre 16, p. 750.
[180]- *Ibid.* partie I, chapitre 22, p. 273.

énergiques [181]», et opèrent une domestication rapide et efficace de leur nouveau compagnon, à savoir un orang-outan, et plus tard l'humanisation et la civilisation d'un homme qui avait perdu une partie de sa raison au profit d'une meilleure condition physique. De même, l'homme n'est homme que dans le groupe, et par le groupe et dans l'isolement réside toute perversion ; Tzvetan Todorov le montre bien :

> [...] Les hommes naissent, vivent et meurent en société ; sans elle, il ne serait pas humains. C'est le regard posé sur l'enfant qui est à l'origine de sa conscience, c'est l'appel des autres qui le réveille au langage. Le sentiment même d'exister, dont personne ne peut passer, provient de l'interaction avec les autres. Tout être humain est frappé d'une insuffisance qui l'entourent et en sollicitant leur attachement.[182]

Dans le même contexte, il ajoute que « la solitude est encore une forme de cette vie commune qu'il n'est ni possible ni souhaitable de quitter. Notre plus douce existence est relative et collective, et notre vrai *moi* n'est pas tout entier en nous. Enfin telle est la constitution de concours d'autrui [183]». Toutefois, l'homme seul et isolé fait bond en arrière, alors que l'homme vivant en communauté fait un bond en avant. Dans une perspective évolutionniste, la présence d'Ayrton dont la réhumanisation a lieu au contact des naufragées ainsi que celle du singe, animal doué en cours d'humanisation, et dont l'homme n'est qu'un lointain cousin et descendant, corroborent cette idée. Aux six hommes et deux animaux s'ajoute l'homme providentiel « le génie de l'île[184] », le capitaine Nemo « ce grand misanthrope [qui] avait soif du bien [185]». La structure et la hiérarchie sociale ainsi établie vont permettre aux naufragés de l'île par leur cohésion « s'aidant les uns les

---

[181]- *Ibid.*
[182]- *L'esprit des Lumières*, op. cit., p. 46.
[183]- *Ibid.* p. 47.
[184]- *L'île mystérieuse,op.,cit.,* partie III, chapitre 16, p. 743.
[185]-*Ibid.,op.,cit.,* partie III, chapitre 16, pp. 750-751.

autres[186] », leur dévouement « des hommes courageux, honnêtes et bon, [...] dévoués sans réserve à l'œuvre commune[187] » et donc « la main d'œuvre ne présentait aucune difficulté[188] », leurs valeurs économiques, morales, religieuses et surtout par le travail collectif, de surmonter les nombreuses difficultés liées à la vie insulaire, ce que l'aide de Nemo ne fera qu'améliorer[189]. Ainsi, il « eut été véritablement difficile de réunir cinq hommes plus propres à lutter contre le sort, plus assurés d'en triompher[190]».

Toutes les conditions sont réunies pour permettre aux naufragés/colons de survivre et même de bien vivre sur cette île ; ainsi « hommes et animaux se portaient bien [191]». Les interventions mystérieuses mais salvatrices de Nemo posent cependant des questions auxquelles les colons ne peuvent donner une réponse car la science a ses limites que la croyance en un être supérieur qui régit bien le monde dépasse bien souvent :

> Cyrus Smith attendait avec sa patience habituelle, bien que
> sa raison tenace s'exaspérât de se sentir en face d'un fait
> absolument inexplicable, et il s'indignait en songeant
> qu'autour de lui, au-dessus de lui peut-être, s'exerçait une
> influence à laquelle il ne pouvait donner de nom.[192]

---

[186]- *L'île mystérieuse,op.,cit.,* partie I, chapitre I, p. 16.

[187]- *Ibid.,op.,cit.,* partie III, chapitre 13, p. 760.

[188]- *Ibid., op.,cit.,* partie I, chapitre 13, p. 156.

[189]- « Le capitaine Nemo avait sauvé Cyrus Smith. Ce fut lui aussi qui ramena le chien aux Cheminées, qui rejeta Top des eaux du lac, qui fit échouer à la pinte de l'Epave cette caisse contenant tant d'objets utiles pour les colons, qui renvoya le canot dans le courant de la Mercy, qui jeta la corde du haut de Granite-house, lors de l'attaque des singes, qui fit connaitre la présence d'Ayrton à l'île Tabor, au moyen du document enfermé dans la bouteille, qui fit sauter le brick par le choc d'une torpille disposée au fond du canal, qui sauva Harbert d'une mort certaine en apportant le sulfate de quinine, lui, enfin, qui frappa les convicts de ces balles électriques dont il avait le secret et qu'il employait dans ses chasses sous-marines. Ainsi s'expliquait tant d'incidents qui devaient paraitre surnaturels, et qui, tous, attestaient la générosité et la puissance du capitaine. [...] il manda [...] les colons de Granite-house, au moyen d'un fil par lequel il relia le corral au Nautilus, qui était muni d'un appareil alphabétique... », *L'île mystérieuse, op. cit.,*partie III, chapitre 16, p. 750-751.

[190]- *L'île mystérieuse, op.,cit,* partie I, chapitre 13, p. 152-154.

[191]- *L'île mystérieuse,op., cit.,* partie III, chapitre 14, p. 722.

[192]- *Ibid.,* partie II, chapitre 6, p. 346-348.

2. Une communauté solidaire et harmonieuse

L'utopie vernienne se retrouve dans les rapports que les personnages entretiennent avec le groupe. Les colons forment une petite communauté régie par des règles stables, fondées sur un strict principe d'autorité : le pouvoir scientifique. A leur tête se trouve l'ingénieur, Cyrus Smith, « le plus ingénieux, le plus savant aussi, celui qui était leur chef incontesté », c'est lui que ses qualités intellectuelles et morales désignent comme « chef naturel », le père des colons.

De même, les Robinson éprouvent une admiration incontestable pour leur père spirituel, admiration qui se montre dans leur dévouement allant jusqu'au moment où ces colons ne « songèrent même pas prendre un instant de repos, s'oubliant pour leur chef [193]». Plus encore, Cyrus Smith constitue pour les colons le détenteur du savoir dans la mesure où « Cyrus Smith instruisait ses compagnons en toute choses, et il leur expliquait principalement les applications pratiques de la science.[194] ». De même, Harbert, le seul personnage enfant, se présente comme l'héritier, celui à qui l'ingénieur se propose de léguer toutes ses connaissances théoriques et techniques. Il est l'unité future, le recommencement, celui par lequel le trésor d'un savoir désormais parvenu à son point de perfection sera préservé et perpétué.

D'ailleurs, il profitait pour s'instruire de tous les loisirs que lui laissaient les occupations manuelles, il lisait les quelques livres trouvés dans la caisse, et, après les leçons pratiques qui ressortaient de la nécessité même de sa position, il trouvait dans l'ingénieur pour les sciences, dans le reporter pour les langues, des maitres qui se plaisaient à compléter son éducation. L'idée fixe de l'ingénieur était de transmettre tôt au jeune garçon ce qu'il savait, de l'instruire par l'exemple autant que par la parole, et Harbert profitait

---

[193]- *Ibid.*, partie I, chapitre 3, p. 34.
[194]- *Ibid.*, partie I, chapitre 22, p. 273.

largement des leçons de son professeur : « Si je meurs, pensait Cyrus Smith, c'est lui qui me remplacera[195] ».

Ainsi, l'éducation est une des composantes essentielles des utopies : vouloir créer un homme nouveau, vouloir décrire un monde heureux suppose une éducation de qualité, différente, radicalement, des modèles existants.

> Nous naissons faibles, affirme Rousseau, nous avons besoin de force ; nous naissons dépourvus de tout, nous avons de jugement. Tout ce que nous n'avons pas à notre naissance et dont nous avons besoin étant grands, nous est donné par l'éducation.[196]

De suroît, l'éducateur tel que le conçoit Wells, prétend sortir l'homme de lui-même, l'arracher à sa nature inférieure, bestiale, pour le porter à la perfection : ce qui constitue précisément, à l'échelle de la société, l'essence du projet utopique :

> Qu'elle est la tâche de l'éducateur dans le monde ? La plus grande de toutes […] : assurer que l'Homme, l'Homme-Dieu, croît sans cesse dans l'âme des hommes. Car qu'est-ce que l'homme sans instruction ? Un être né comme les bêtes, un égoïsme dévorant, un désir avide, une chose de luxures et de craintes : il ne voit rien que par rapport à lui-même […] et c'est nous seuls éducateurs, qui pouvons l'élever au-dessus de cet égoïsme […], ouvris ses yeux à l'avenir et à la vie immortelle de l'homme.[197]

C'est l'éducation et elle seule qui distingue l'homme de l'animal.

Dans le même contexte, nous pouvons parler aussi de la *bildung*[198] :

> The term Bildung (German for "education" and "formation") refers to the German tradition of self-cultivation, (as related to the German for: creation, image, shape), wherein philosophy and education are linked in

---

[195]- *L'île mystérieuse, op. cit.,* partie I I, chapitre 9, p. 388.
[196]- Jean-Jacques Rousseau, *Discours sur les sciences et les arts (1751),* Paris, G.F., 19771, p. 37.
[197]- G. Connes, *Etudes sur la pensée de Wells,* Hachette, 1926, p. 411 in *Utopie,* op.,cit., p. 95.
[198]- *L'idéologie et l'utopie, op.,cit.,* p. 364.

manner that refers to a process of both personal and cultural maturation. This maturation is described as a harmonization of the individual's mind and heart and in a unification of selfhood and identity within the broader society.[199]

Dans ce sens, le plus petit et le plus jeune de la communauté bénéficie d'un apprentissage gratuit et avantageux de la part de son maitre Smith. Un apprentissage mêlant l'observation, l'examen et l'expérience. En effet, ce jeune Harbert est chanceux d'être à l'abri d'une nature généreuse et d'une personne qui détient toute une science. Cette mixture à la fois naturelle et scientifique va faire du jeune un ultra-scientifique.

Soutenue par une stricte spécialisation des fonctions et une hiérarchie des statuts acceptée parce qu'elle est ressentie comme « naturelle », la vie de la petite colonie aboutit ainsi à une véritable perfection. Il n'est jamais question de crises ou de dissensions qui risqueraient de rompre l'harmonie de cette société idéale. Les seuls éléments perturbateurs viennent de l'extérieur (attaque de convicts, blessure et maladie d'Harbert) mais ils seront heureusement éliminés grâce à une « protection invisible » du « génie » tutélaire de l'île.

Tout se passe donc comme si un ordre immuable réglait l'existence de ce groupe qui est à la fois une famille, une colonie et une société patriarcale. Le respect du chef, l'amitié et la solidarité entre des « hommes » accomplis, le culte du travail et du savoir, la prévoyance et l'économie sont les valeurs sur lesquelles repose cette harmonie ; ce qui est retrouvé à la fin, dans cette « île bénie » c'est l'Eden sur la terre, le paradis des origines : le bonheur simple et stable que se procurent les colons, dans une parfaite adaptation à la

---

[199]- http://en.wikipedia.org/wiki/Bildung. Consulté le 14/05/2013 « La Bildung terme (allemand pour «éducation» et «formation») se réfère à la tradition allemande de l'auto-culture, (liée à l'allemand : création, image, forme), dans laquelle la philosophie et l'éducation sont liées d'une manière qui fait référence à un processus de maturation à la fois personnelle et culturelle. Cette maturation est décrite comme une harmonisation de l'esprit de l'individu et le cœur et dans l'unification de l'individualité et de l'identité au sein de l'ensemble de la société. »

nature.

L'idéal s'y présente sous la forme d'un communisme patriarcal où règne l'égalité économique mais aussi politique, où la cupidité est inconnue, où l'amour fraternel et l'amitié ont remplacé la jalousie, où la justice régit seule cette petite communauté ; et c'est pourquoi, sans disparaitre tout à fait, la propriété s'étiole ; c'est pourquoi, également, que la domination y est inconcevable, n'ayant plus désormais ni fonction ni fondement. La société paraît en effet totalement harmonieuse, se regardant comme une seule famille solide et unique.

Somme toute, la colonie defoéenne de même que la colonie vernienne constituent une utopie dont la nature, l'espace, les animaux et les personnes forment un corps unique, solide et harmonieux et cela grâce à la relation que nouent les Robinson entre eux. Pour eux, la raison, le savoir et la science sont trois éléments qui forment la clef de la prospérité existentielle de la race humaine. Cela, bien sûr, va à l'encontre de l'image représentée par la colonie defoéenne, qui est devenue par la suite une seconde patrie pour le Robinson de Defoe : l'île Lincoln peut se lire d'abord comme un hymne à la science, à l'ingéniosité, à la solidarité humaine qui est représentée par un groupe d'hommes déterminés et qui parviennent à partir du plus extrême dénuement pour mettre en valeur une île déserte, mais féconde, et reconstruire une civilisation digne de leur condition d'hommes modernes. Des hommes dignes de ce nom, unis et animés par l'intelligence de la volonté, ont pu dominer la nature en toute circonstance et retrouver, dans le monde, la place qui leur est assignée par Dieu. Or, cette Cité idéale, cette île mystérieuse, à l'instar de l'homme qui est un être pour la mort, est elle aussi un espace pour sa fin. Elle va exploser mais cela ne va constituer guère la fin au vrai sens du terme d'un monde utopique mais un pur recommencement car les protagonistes de Verne vont en reconstruire une autre, telle l'île Lincoln, grâce aux « richesses contenues dans le coffret légué par le capitaine Nemo aux colons de l'île Lincoln, [et dont] la plus grande partie fut employée à l'acquisition d'un vaste domaine dans l'Etat d'Iowa. [200]». En l'honneur et en souvenir de l'île « sur laquelle ils étaient arrivés, pauvres et nus, cette île qui, pendant quatre ans, avait suffi à leurs besoins, et dont il ne restait plus qu'un morceau de granit battu par les lames du Pacifique, tombe de celui qui fut le capitaine Nemo ! [201]», les braves hommes heureux vont s'unir dans le présent comme ils l'avaient été dans le passé car « pas un des anciens colons de l'île Lincoln ne manquait, car ils avaient juré de toujours vivre ensemble[202] » et vont entamer sous la main intelligente de leur chef l'ingénieur Cyrus Smith leur œuvre, « c'est-à-dire [l'accès] à la fortune et au bonheur [203]» sur le domaine de l'Etat d'Iowa, « une vaste colonie à laquelle ils donnèrent le nom de l'île disparue dans les profondeurs du Pacifique.[204] »

---

[200]- *L'île mystérieuse, op. cit.,* partie III, chapitre 20, p. 804.
[201]- *Ibid.,* p. 805.
[202]- *Ibid.,* p. 804.
[203]- *Ibid.*
[204]- *Ibid.*

Partie III :
Critique de la civilisation occidentale

Chapitre I :

Le désenchantement du monde

1. Civilisation, modernité et rationalisme : essai de définition

Comme nous l'avons déjà dit, l'histoire des Robinson constitue le microcosme de l'histoire de l'humanité, ils constituent de même le microcosme de la civilisation occidentale qu'on peut confondre avec la modernité. D'ailleurs, cette modernité est le couronnement de ladite civilisation et l'aboutissement d'un long processus de rationalisation. Ces éléments vont faire de l'être humain un être déshumanisé qui ne fonctionne que selon la loi de l'utilité. Il, en l'occurrence, privée de tous les sentiments vertueux et de toutes les sensations pures car le désir, le plaisir et le goût vont être remplacés par le labeur ardu qui dévore le temps tel un monstre affamé :

> La modernité triomphante ne considère plus l'homme comme une création conçue à l'image de Dieu. Il n'est plus défini par son essence, mais par sa fonction dans la société et sa contribution au développement et au bon fonctionnement du système social[205].

Dans cette nouvelle conjoncture, l'homme est aussi assailli par le temps à tel point qu'il perd son contrôle sur lui-même dans la mesure où il oublie sa propre personne, autrement dit, sa vie privée. A cet égard, l'homme est devenu un aliéné absolu de la raison qui fait de lui un vrai automate pris facilement dans le piège du progrès dû à la quête interminable de la productivité et du rendement qui fait de lui un être avide de gain et de profit. Ce progrès qui agit, comme une drogue, va faire de l'être humain un destructeur de lui-même ainsi que de l'Autre qui n'est autre chose que le reflet de son propre Moi.

---

[205]- *Jean Giraudoux : Néo-Romantisme ou Nouvelle Modernité,* op. cit., p. 79.

1. 1. La civilisation, le mot

Selon Samuel P. Huntington, « l'idée de civilisation a été introduite au XVIIIème siècle par les penseurs français en opposition au concept de « barbarie ». Selon eux, la société civilisée diffère de la société primitive parce ce qu'elle repose sur des institutions, se développe dans des villes, et se fonde sur un degré plus ou moins grand d'éducation. Être civilisé serait donc bien, et ne pas l'être serait mal[206] ». Il ajoute qu'une civilisation est, selon Fernand Braudel, « un espace, une région culturelle », une collection de traits et de phénomènes culturels[207] ». Emmanuel Wallerstein y voit, quant à lui, « une contradiction bien déterminée de visions du monde, de coutumes, de structures et de cultures (au sens matériel aussi bien que plus élevé) formant une sorte de tout historique et coexistant (bien que pas toujours au même temps) avec d'autres variétés de ce phénomène[208] ». Une civilisation est, selon Christopher Davidson, le produit d'« un processus original de créativité culturelle qui est l'œuvre d'un peuple particulier[209] », tandis que, pour Emile Durkheim et Mauss, elle est « une sorte de milieu moral englobant un certain nombre de nations, chaque culture nationale n'étant qu'une forme particulière de tout »[210]. Pour Oswald Spengler, la civilisation est « le destin inévitable de la culture […], le degré du développement le plus extérieur et le plus artificiel dont l'humanité est capable […], une conclusion, le produit succédant à la production[211] ». Nous remarquons donc que la notion de culture est l'élément commun à toutes les définitions possibles du concept de civilisation[212].

---

[206]- Samuel P. Huntington, *Le choc des civilisations*, traduit de l'anglais (Etats-Unis) par Jean-Luc Fidel et Geneviève Joublain, Patrice Jorland, Jean-Jacques Pédussaud, 1966, pp. 37-38.
[207] - *Ibid.* p. 38.
[208] - *Ibid.* p. 38-39.
[209] - *Ibid.* p. 39.
[210] - *Ibid.*
[211] - *Ibid.*
[212]- John Lewis Gaddis, « toward the post- cold war world » Forreign affairs, 70, printemps 1991 ; Judith GoldStein et Robert O. Keohaneéd., Ideas and Foreign Policy : Belifs, institutions, and

A partir de toutes ces acceptions, nous pouvons dire que la civilisation est tout ce que l'homme a pu ajouter à l'Homme. Elle est aussi un ensemble de caractères communs aux vastes sociétés considérées comme avancées ; un ensemble d'acquisitions des sociétés humaines (opposées à nature barbare). De même, elle est un ensemble de phénomènes sociaux (religieux, moraux, esthétiques, scientifiques, techniques) communs à une grande société ou à un groupe de sociétés.

1. 2. La modernité, le mot

Selon Alain Touraine :

> L'idée de modernité, sous sa forme la plus ambitieuse, fut l'affirmation que l'homme est ce qu'il fait, que doit donc exister une correspondance de plus en plus étroite entre la production, rendue plus efficace par la science, la technologie ou l'administration, l'organisation de la société réglée par la loi et la vie personnelle, animée par l'intérêt, mais aussi par la volonté de se libérer de toutes les contraintes. Sur quoi repose cette correspondance d'une culture scientifique, d'une société ordonnée et d'individus libres, sinon sur le triomphe de la raison ? Elle seule établit une correspondance entre l'action humaine et l'ordre du monde, ce que cherchaient déjà bien des pensées religieuses mais qui étaient paralysées par le finalisme propre aux religions monothéistes reposant sur une révélation. C'est la raison qui anime la science et ses applications ; c'est elle aussi qui commande l'adaptation de la vie sociale aux besoins individuels ou collectifs ; c'est elle enfin qui remplace l'arbitraire et la violence par l'État de droit et par le marché. L'humanité, en agissant selon ses lois, avance à la fois vers l'abondance, la liberté et le bonheur[213].

D'après la définition de Touraine, la modernité tisse une relation intimement étroite entre la production et ou la productivité qui sont motivées

---

political change, Ithaca, Cornell University press, 1993, pp.8-17.
[213] - Alain Touraine, *Critique de la modernité,* Les Éditions Fayard, Paris, 1992, Collection : le livre de poche, p. 12.

par la science, la technologie ou l'administration, comme organisation réglée par la loi et l'être humain, déshumanisée, guidée par l'intérêt et la volonté. De même, l'auteur de cet extrait ajoute que la science et ses applications sont animées par la raison. Ce qui fait de la modernité une conception rationaliste qui se fonde nettement sur la raison. Cette dernière qui participerait positivement à la satisfaction immédiate des besoins individuels ou collectifs de la société ; ce qui procurerait et engendrerait la liberté et le bonheur extrême.

Toutefois, dans *Révolte et mélancolie : le romantismeà contre-courant de la modernité*, Michel Löwy et Robert Sayre incite à réfléchir :

> La « modernité » renverra à un phénomène plus fondamental et plus englobant que les deux sens évoqués ci-dessus : la civilisation moderne engendrée par la révolution industrielle et la généralisation de l'économie de marché. Comme l'avait déjà constaté Max Weber, les principales caractéristiques de la modernité – l'esprit de calcul, le désenchantement du monde, la rationalité instrumentale, la domination bureaucratique – sont inséparables de l'avènement de « l'esprit du capitalisme ». Les origines de la modernité et du capitalisme remontent certes à la Renaissance est à la réforme protestante (d'où le terme d'« époque moderne » utilisée par les manuels d'histoire pour désigner la période qui débute à la fin du XVème siècle), mais ces phénomènes ne deviendront hégémoniques en Occident qu'à partir de la seconde moitié du XVIIIème, lorsque s'achève l'« accumulation primitive » (Marx), lorsque la grande industrie commence à prendre son essor et que le marché se dégage de l'emprise sociale (Polangi)[214].

Selon Löwy et Sayre, la modernité fleurit à la Renaissance, d'où le terme « époque moderne » usité par les manuels d'histoires pour désigner le Moyen Age. Elle couronne à la fois la civilisation moderne et la généralisation de l'économie du marché. Toutefois, et comme avait bien

---

[214] - Michael Löwy et Robert Sayre, *Révolte et mélancolie : le romantisme à contre-courant de la modernité*, p.32.

constaté Max Weber, les principales caractéristiques de la modernité – l'esprit de calcul, le désenchantement du monde, la rationalité instrumentale et la domination bureaucratique –sont aussi caractéristiques de « l'esprit capitaliste ». En effet, nous pouvons remarquer, d'après cette définition, qu'au-delà de la civilisation moderne et de l'économie du marché, la modernité englobe même l'esprit et la philosophie capitalistes ; tout ceci constitue les principes unificateurs et générateurs qui constituent la modernité. Cependant, le capitalisme est défini par les auteurs précités[215] tel un systèmesocio-économique se caractérisant par divers aspects :

• l'industrialisation :

Le monde est devenu un conglomérat d'entreprises, d'usines et d'industries qui fabriquent des produits et des objets visant à rendre facile la vie humaine, par le biais du développement et de la mutation technologique due à une synergie entre la science et la technologie.

• l'hégémonie du marché :

L'individu est prisonnier de la loi du marché (l'offre et la demande), autrement dit esclave d'une emprise du Marketing, de la reproduction élargie du capital : le seul but de toute industrie est mercantile, lucratif : l'industrie ne vise qu'à la réalisation des profits et donc le gain (le bénéfice).

• le travail à la chaîne :

La main d'œuvre travaille sans cesse, car toute industrie, toute

---

[215]- *Ibid.* « Dans notre perspective, le capitalisme doit se concevoir comme un tout complexe à facettes multiples. Ce système socio-économique est caractérisé par divers aspects : l'industrialisation, le développement rapide et conjugué de la science et de la technologie (Trait qui définit la modernité, selon le *Petit Robert*) ; l'hégémonie du marché, la propriété privée des moyens de production, la reproduction élargie du capital, le travail « libre », une division du travail intensifié. Et se développent autour de lui des phénomènes de « civilisation » qui lui sont intégralement liés : la rationalisation, la bureaucratisation, la prédominance des rapports secondaires» (Cooley) dans la vie sociale, l'urbanisation, la sécularisation, « la réification». C'est cette totalité, dans le capitalisme entant que mode et rapport de production est le principe unificateur et générateur, mais qui est riche en ramifications, qui constitue la « modernité ».

entreprise cherchent à accroître, à multiplier leur rendement, leur productivité et leurs sources de richesse et de compétitivité. Quand on parle d'un travail à la chaîne, on parle automatiquement d'une division de travail intensifiée ; chaque ouvrier à une tâche bien déterminée comme par exemple dans les entreprises de confection de pantalon (les uns travaillent sur les poches, les autres sur les passerelles, d'autres sur la fixation des boutons…).

1. 3. Le rationalisme, le mot

Le rationalisme est une doctrine selon laquelle tout ce qui existe a sa raison d'être et peut donc être considéré comme intelligible, une doctrine selon laquelle toute connaissance certaine vient de la raison. Toutefois, le rationalisme est à l'opposé de l'empirisme qui, d'après le *Petit Robert*, est « une méthode, mode de pensée et d'action qui ne s'appuie que sur l'expérience [216]». Il est aussi le contraire du fidéisme qui, selon le même référent, est « la doctrine selon laquelle la vérité absolue est fondée sur la révélation, sur la foi [217]». De surcroît, il est une tournure d'esprit d'une personne qui n'accorde de valeur qu'à la raison. Il est aussi une doctrine selon laquelle on ne doit admettre en matière religieuse que ce qui est conforme à la raison naturelle et saisissable par elle.

Somme toute, la civilisation est le résultat du processus de modernisation à l'œuvre depuis le XVIIIème siècle. La modernisation inclut l'industrialisation, l'urbanisation, le développement de l'éducation, la richesse, la mobilité sociale et une division plus complexe et plus diversifiée du travail. Elle résulte des progrès scientifiques et technologiques, réalisés depuis le XVIIIème siècle, qui ont permis aux êtres humains de contrôler et de façonner leur environnement d'une manière absolument sans précédent.

2. La religion

---

[216]- Le nouveau *Petit Robert*, dictionnaire alphabétique et analogique de la langue française, Dictionnaires le Robert, Paris, 2001, p. 893.
[217]- *Ibid.*, p. 1027.

Robinson devient de plus en plus prisonnier de sa religiosité. Autrement dit, cette dernière incarne pour Robinson l'oxygène qu'il respire. Il devient de plus en plusreligieux et de plus en plus croyant.

Mais, est ce que Robinson s'est converti par amour et respect de Dieu ou par crainte de Dieu ? Ou encore, la religion n'est-elle présente dans la vie de Robinson que parce qu'elle sert ses desseins de reconquête du monde, qu'elle le seconde dans cet objectif ?

Robinson, durant tout son séjour sur l'île, comme insulaire, a glorifié le « labeur » pour combler sa solitude. Rien ne peut entraver son plan acharné de travaux continus ; il poursuit ses activités même pendant les saisons pluvieuses (l'hiver) dans sa grotte. Le travail pour Robinson est source de subsistance, mais également de bonheur, de joie et de satisfaction totale. Mais sa maladie dangereuse est intempestive a interrompu son programme intensifié. Pour Robinson, la maladie signifie la rupture de travaux et donc la mort et par crainte de mourir, Robinson se lance dans un exercice religieux de prières pour qu'il reprenne sa santé et qu'il continue son travail. Car, une fois guéri, Robinson « commenç[a] à être fort aise : [il] [se] mi [t] à travailler[218] ».

Donc, le héros de Defoe ne se sent à l'aise que lorsqu'il travaille et non en faisant autre chose. Nous pouvons donc dire que Robinson recourt à la religion tout d'abord pour échapper au spectre de la « Mort », puis pour reprendre son travail et enfin accroitre ses richesses. Robinson se réfugie donc dans la religion pour assurer sa survie qui est entièrement liée à l'amassement et à la croissance des richesses.

On peut déduire, en fait, que la religion est menacée par les progrès industriels et les mutations technologiques. Elle devient un intermédiaire pour atteindre la richesse : Dieu n'est qu'un moyen pour accroître Gains et

---

[218] - *Ibid*. p. 135.

Profits ; ce que Michael Lowy et Robert Sayre appellent « la religion du Dieu-Argent[219]». Robinson se sert de la religion pour atteindre son but, pour multiplier son rendement et accroître sa richesse. Cette richesse qui va déclencher chez Robinson l'amour de soi (l'orgueil), l'attachement profond à la vie productive et par conséquence la volonté de posséder le monde. A cet égard, nous pouvons parler de ce que Michel Serres nomme le contraire de la religion qu'est *la négligence* – puisque, étymologiquement, « négligence » signifie *absence de lien* entre l'Homme et Dieu ; ce que Nietzsche[220] appelle également la « mort de Dieu » en partant de l'expression fameuse : « Dieu est mort ! C'est nous qui l'avons tué ! » .

Bref, on peut comparer Robinson à « l'homme qui écrira sur chacun de ses billets de banque " in Godwe trust "[221] ; cela rejoint le culte du *veau d'or*[222]d'où l'argent va à l'argent ; c'est faire du marché une religion.

Au contraire des Robinson de Defoe et de Verne, le Robinson tournierien « n'avait jamais été un bon lecteur des textes sacrés [223]» et malgré cela, il se réfugie en Dieu pour se purifier des vices qui alourdissent son corps, un corps qui, pour lui, est immergé dans les pêchés comme le montre bel et bien la citation suivante :

> Il aimait ce travail (la lecture de la Bible) de purification, simple mais non pas fastidieux, pour les symboles spirituels qu'il évoquait. Son âme s'élevait vers Dieu et le suppliait de faire voltiger au loin les pensées frivoles dont il était plein pour ne laisser en lui que les lourdes semences de la parole de sagesse[224].

En effet, l'action de Robinson de Tournier rejoint la définition de Michel Serres de la religion : « la religion c'est ce que *relie* les hommes *entre*

---

[219] - *Révolte et mélancolie op.cit.*, p. 54.
[220] - *Le capitalisme est-il moral ?*, *op. cit.*, p. 35.
[221] - www.dhdi.free.fr/recherches/gouvernance/articles/ostrobinson.htm
[222]- *Le Capitalisme est-il moral ?,op. cit.*, p.86.
[223]- *Vendredi ou les limes du Pacifique, op. cit.*, p. 26.
[224]- *Ibid., p. 60.*

eux en les reliant tous *à Dieu*[225] ». La peur de perdre la raison pousse Robinson à entreprendre une activité qui ne pourrait être autre chose que la construction d'un bateau, *l'Evasion*, qui lui permettra de remonter son passé vers la communauté humaine ; le nom du bateau symbolise, en fait, une fuite physique et morale de l'île. De plus, nous pouvons constater que la religion est, pour Robinson tournierien, un moyen qui oriente vers la bonne voie ; elle éclaire sa manière de vivre et de fuir de l'atroce exclusion de toute race humaine :

> Ce jour-là, il crut trouver dans le chapitre IV de la Genèse
> – celui qui relate le Déluge et la construction de l'arche par
> Noé – Une allusion évidente au navire de salut qui allait
> sortir de ses mains.[226]

D'ailleurs, en lisant le psaume précité, Robinson a eu l'idée de construire *l'Evasion*, son bateau salvateur. De surcroît, Robinson glorifie Dieu et atteste bien de son rôle primordial ainsi que de sa présence positive dans cet huis clos de la solitude :

> Il se promit de donner à cette première moisson le sens
> d'un jugement porté par la nature – c'est-à-dire par Dieu
> sur le travail de ses mains[227].

A cet égard, cette valorisation et ce respect pour Dieu se voient dans l'acte que fait Robinson avant de commencer n'importe quelle tâche :

> Avant de se mettre au travail, Robinson lut à haute voix
> quelques pages de la Bible[228].

Ainsi s'éclaire la manière dont l'insulaire lisait le Livre des livres pour protéger son unique et dernier vestige de la civilisation qui est la parole. Toutefois, Robinson lit à haute voix pour conserver sa langue et donc sa

---

[225]- André Comte-Sponville, *Le capitalisme est-il moral ?* Editions Albin Michel, 2004, Collection « livre de poche », p. 37.
[226]- *Vendredi ou les limbes du Pacifique, op. cit.*, p. 27.
[227]- *Ibid.* p. 46.
[228]- *Ibid.* pp. 26-27

culture. De même, le protagoniste tournierien trouve dans la lecture de la Bible un moyen qui répond à ses besoins. Il est, de cette manière, son unique secours moral. Il s'avère nécessaire d'ajouter que la mystique est une force vitale antérieure à toute activité intellectuelle. C'est le biais par lequel chaque homme peut connaitre Dieu, à condition de l'avoir d'abord connu par le monde. Autrement dit, c'est la même méthode qui ouvre à la connaissance du monde et à l'intuition de Dieu :

> La mystique, en l'occurrence, ne signifie rien d'autre que l'extrême tension au terme de laquelle l'intelligence parvient à son propre anéantissement dans l'être, autrement dit, au principe de toute intelligibilité et à la science parfaite[229].

En critiquant la vie insulaire robinsonienne, Giraudoux, à travers Suzanne, exprime son refus et sa haine de la démarche suivie par Robinson pour survivre et bâtir la seconde Angleterre. Son mécontentement de la stratégie robinsonienne se manifeste par son refus de la religion de laquelle se sert Robinson pour devenir un richard. Religion que Giraudoux nomme la religion « puritaine ».

Giraudoux s'en prend aux conventions morales qui relèvent d'un conformisme humain et sa cible privilégiée est « l'Angleterre puritaine[230] » ; ainsi il rejette la morale anglaise « [en] trourn[ant] déjà en dérision le goût de l'Angleterre pour la morale[231] » par les strophes importées d'Angleterre du cours de morale :

> Dans Londres… A Douvres… mademoiselle Savageon, notre maîtresse, se fournissait exclusivement dans la Royaume-Uni de nos modèles pour vices et qualités[232].

[229]- Jean-Paul Engelibert, *La Postérité de Robinson Crusoé : un mythe littéraire de la modernité, 1954-1986*, DROZ, 1997, p.42.
[230] - Eliane Gandin, *Le voyage dans le Pacifique de Bougainville à Giraudoux*, Harmattan Littératures p. 289.
[231] - *Ibid.*
[232] - *Suzanne et le Pacifique*, op.cit., p. 546.

A un monde de silence. Le silence qui est pour Giraudoux « le silence de Dieu[233]» se situe un autre jonché de vacarme des outils inventés par les Robinson.

Toutefois, « le silence de Dieu » chez Giraudoux ne veut pas dire l'absence de la main divine ; Dieu est omniprésent dans l'œuvre de l'auteur de *Suzanne et le Pacifique*, mais s'il est *absconditus*, il est une sorte d'un ami confident et serviable à tout faire et en toute choses, d'un compagnon général, qui a pour rôle de donner à la liesse, à l'idylle, au jeu littéraire une garantie de non-gratuité.

> Dieu est partout dans l'œuvre de Giraudoux, mais s'il est bien *absconditus*, ce n'est pas, dans l'œuvre romanesque, un dieu jupitérien et foudroyant trônant au plus haut des cieux. Ce n'est pas Jéhovah, qui est sévèrement condamné. Dieu, même chrétien, n'est pas le sacré ; il est une sorte de compagnon général, d'ami à tout faire et en toutes choses, présence, petit animal, chat, belette, météore. Son rôle est de donner à la liesse, à l'idylle, au jeu littéraire une garantie de non-gratuité.[234]

Nous pouvons même ajouter que Giraudoux exclut la religion de son œuvre parce que il la considère comme un déclencheur des péchés ; une idée culpabilisante qui éloigne l'humanité du paradis et du bonheur éternel:

> [Jean Giraudoux] ne souhaite guère accéder au stade religieux. La religiosité introduit dans la vie humaine l'idée culpabilisante du péché, la hantise de la honte et du repentir, éloigne du paradis, du bonheur des premiers temps[235].

De même, comme certains romantiques, chez Jean Giraudoux, rejette la

---

[233] - *Des Provinciales au Pacifique*, études rassemblées par Sylviane Coyault et Michel Lioure, « le Silence de Dieu », Annie Besnard (Université de Nancy I), p. 137.

[234]- Christian Allègre, *Le sourcier de l'Eden : l'esthétique de l'idylle dans l'œuvre romanesque de jean Giraudoux*, thèse présentée à la faculté des études supérieures en vue de l'obtention du grade de (ph.D) en études françaises, mai 1998, Université de Montréal, Département d'études françaises, faculté des arts et des sciences, p.8. Adresse électronique : www.theses.umonteral.ca/theses/pilote/allegre/these.html. Consulté le 27 juillet 2012.

[235]- *Jean Giraudoux : Néo-Romantisme ou Nouvelle Modernité*, op. cit., p. 162.

religiosité car il est possible de vivre divinement notre vie habituelle et donc accéder à l'infinitude, au bonheur éternel.

> [...] la tentation du romantisme existentiel doit donc être rejetée, au nom du romantisme même, comme celle de la religiosité doit l'être aussi, au nom du divin : c'est en amusant complètement sa finitude que l'être humain atteint l'infini par lequel il est fait.[236]

Comme Robinson, Suzanne « est en droit de se regarder comme le protégé de la providence, puisqu'il est le seul rescapé. [...] il est dans la situation la plus proche de l'état adamique parfait, sauf que dans son cas le Paradis n'est pas la manifestation de l'unité, mais le produit d'une séparation radicale d'avec l'ensemble de l'humanité[237] ». Comme naufragée, Suzanne, à la différence de Robinson, ne se sent ni maudite ni élue : pour elle la Providence n'est pas une bonne divinité qui veille sur elle envers et contre tout, mais elle se sert d'elle pour protéger l'île au lieu de la protéger :

> La seule attaque peut-être que devait y faire le mal, la providence m'avait mandée de Bellac pour y répondre[238].

Ainsi au seuil du désespoir, de l'angoisse, Suzanne retrouve la force dans la contemplation du ciel qui lui « donn[e] soudain des nouvelles de l'Europe[239] ». Elle « attribue à Dieu sa confiance retrouvée dans l'avenir[240] ».

A l'opposé de Robinson qui éprouve une adoration « hypocrite » et exagérée pour Dieu, Suzanne, elle, est neutre. Elle croit en l'existence de Dieu, elle est catholique. Issue d'un couvent, elle est bien à l'image de son auteur, elle adore Dieu, elle l'aime mais d'une manière cachée, secrète, silencieuse ; Suzanne éprouve un amour secret pour Dieu.

---

[236]- Roland Quilliot, *Les métaphores de l'inquiétude : Giraudoux, Hesse, Buzzati*, P.U.F., Littératures européennes, 1997, p. 17.
[237] - *Des Provinciales au Pacifique, les premières œuvres de Giraudoux*, études rassemblées par Sylviane Coyault et Michel Lioure, p. 141.
[238] - *Suzanne et le Pacifique*, op.cit., p. 524.
[239] - *Ibid.*, p. 518.
[240] - *Des Provinciales au Pacifique*, op.cit., p. 141.

Dans la relation que Giraudoux tisse peu à peu entre son héroïne et Dieu, il est à remarquer que le sacré est occulté, que l'adoration n'existe pas[241].

Le sentiment religieux permet à l'héroïne de conférer un sens à son existence confuse et tumultueuse :

Le sentiment religieux prend son origine dans le besoin qu'éprouve l'homme de donner un sens à son existence chaotique[242].

Responsable de l'ordonnancement de l'univers, dieu n'inspire à sa créature aucune manifestation de piété ni d'allégeance. La délivrance d'une île devenue prison lui vient des hommes, la libération de ses actions est le fruit de ses propres efforts pour se réapproprier les réflexes humains[243].

Cette réappropriation se fait également par le biais de la langue qui joue un rôle primordial dans l'ordonnancement et l'uniformisation du monde.

3. La langue

A cause de l'atroce solitude et en l'absence de tout interlocuteur, l'insulaire tournierien commence à oublier la manière de parler, l'acte de parole ; il est devenu presque muet « je ne puis plus parler qu'à *lettres*[244] », il articule avec difficulté :

[…] j'éprouve, quand je tente de discourir à haute voix, un certain embarras de langue, comme après un excès de vin.[245]

En effet, pour ne pas perdre son dernier vestige de la civilisation qui est la faculté de « la parole », Robinson entreprend une série de discussions verbales aussi bien avec lui-même ainsi qu'avec la nature : « J'ai beau parler

---

[241] - *Ibid*. p. 142.
[242] - *Ibid*.
[243] - *Ibid*.
[244] - *Vendredi ou les limbes du Pacifique,op. cit*. p. 68.
[245] - *Ibid*., p.72.

sans cesse à haute voix, ne jamais laisser passer une réflexion, une idée sans aussitôt la proférer à l'adresse des arbres ou des nuages [246]», et avec Dieu, comme son ancêtre le Robinson defoéen ; il lisait à haute voix des psaumes de la Bible. De cette manière, ils entament une communication divine avec Dieu, une communication qu'on peut qualifier de sacrée, de mystique. Ils consacrent une partie importante de leur temps à invoquer Dieu, à le prier, et à lire quelques passages de la Sainte-Ecriture, non pas silencieusement mais à haute voix :

> Dans la matinée je pris la Bible, et, commençant par le Nouveau Testament, je m'appliquai sérieusement à sa lecture, et je m'imposai la loi d'y vaquer chaque matin et chaque soir, sans m'astreindre à certaine[247].

Toutefois,trop attaché à sa langue maternelle, le protagoniste defoéen consacre plusieurs années à apprendre à une bête, un perroquet, à dire « Robinson Crusoé ». Ce geste est symbole d'égoïsme et puisque Crusoé est une « marque déposée » de l'Angleterre, autrement dit, une sorte de « Made in Great Britain », on peut en conclure, par le biais de ce syllogisme, que cet amour de soi-même est égal à l'amour de la civilisation. Ensuite, pour briser cette « vie silencieuse[248] » une vie, qui pour Robinson, est « inouïe dans le monde[249] », le héros de Defoe enseigne à son perroquet à prononcer « Poll » : le premier mot prononcé dans l'île par autre que Robinson. Il veut par ce fait dupliquer une civilisation en conservant les noms d'objets appartenant au monde civilisé (Table, boîte, chaise, pot, panier,...) puis en baptisant les bêtes par des noms appartenant au monde moderne : Robinson souhaite revêtir la nature d'habits modernes.

Mais, après « vingt-cinq ans[250] » d'une vie silencieuse, une vie occultée,

---

[246] - *Ibid.,* p. 68.
[247] - *Robinson Crusoe,op. cit.*, p. 142.
[248] - *Ibid.* p. 106.
[249] - *Ibid.*
[250] - *Ibid.* p. 257.

Robinson, rencontre un sauvage. Ce dernier entame une discussion avec lui. Robinson n'a pas saisi la langue du sauvage. Une langue qui, pour lui, est incompréhensible mais douce à écouter.

> Sur ce il me dit quelques mots, qui, bien que je ne les comprisse pas, me furent bien doux à entendre ; car c'était le premier son de voix humaine, la mienne exceptée, que j'eusse ouï depuis vingt-cinq ans.[251]

Ce fait montre que Robinson déteste tout ce qui est pur, sauvage et primitif. Il n'adore et n'est séduit que par le charme de la langue anglaise. Dès qu'il rencontre le sauvage, il lui apprend cette langue moderne après l'avoir nommé.

> En peu de temps je commençai à lui parler et à lui apprendre à me parler. D'abord je lui fis savoir que son nom serait Vendredi, c'était le jour où je lui avais sauvé la vie, et je l'appelai ainsi en mémoire de ce jour.[252]

En une courte durée, « Vendredi commençait à parler assez bien et à entendre le nom de presque toutes les choses que j'avais occasion de nommer et de tous les lieux où j'avais à l'envoyer.[253] »

Le Robinson, qu'il soit defoéen ou tournierien, commence à transformer le don naturel en un don artificiel, un don de « luxe » d'où la figure de l'*artifex*. Robinson se sert de la langue non pas pour briser le silence mais pour rendre l'île de plus en plus civilisée et modernisée. La langue lui permet d'exploiter les forces de l'innocent « Vendredi » qui devient esclave de la dite civilisation. La langue devient pour Robinson un moyen pour accroître son rendement et multiplier ses richesses : en saisissant la langue, Vendredi se soumet à la lettre aux ordres et aux instructions de Robinson ; ce qui facilite l'exécution qui va même jusqu'une perfection totale. A cet égard, la langue devient un moyen pour accélérer le Progrès, « la courbe montante »

---

[251] - *Ibid.*
[252] - *Ibid.* p. 259.
[253] - *Ibid.* p. 266.

de l'entreprise robinsonienne, l'unification/l'uniformisation, et, de supprimer les obstacles qui jonchent la voie de la raison triomphante, qui se vêt alors d'une dimension nettement instrumentaliste.

Chapitre 2 :

La quantification du monde

1.   Vers un ordre techno-scientifique

Dans les robinsonnades du XVIIIème siècle, et comme l'avait bien montré Karl Polanyi, l'homme ne naît pas économiste, il le devient. Toutefois, l'économie, selon Comte-Sponville[254], dépend des hommes, en effet ; mais elle n'obéit à aucun d'entre eux, ni même à leur somme. Que tout le monde veuille la croissance, cela n'a jamais suffi à empêcher une récession. Que tout le monde souhaite la prospérité, cela n'a jamais suffi à empêcher la misère. De même, l'économie postule que les individus ont un comportement rationnel : que chacun d'entre eux tend à maximiser son bien-être. En effet, dans ladite économie, il s'agit d'intérêts et non plus de devoirs, de même de rationnel qui n'est pas toujours raisonnable car un comportement rationnel n'est pas pour autant vertueux. Un assassin peut avoir un comportement rationnel (tendre à maximiser son bien-être). En effet, l'économie selon Comte-Sponville[255] est une économie purement objective qui ne vise qu'à satisfaire les besoins individuels et c'est le cas de Robinson de Defoe et de Michel Tournier avant *l'inversion bénigne.* Par contre, selon Tarde, rien dans l'économie n'est objectif, tout est subjectif, ou plutôt intersubjectif, et *c'est justement la raison pour laquelle on peut la rendrequantifiable et scientifique...*[256]

---

[254] - André Compte-Sponville, *Le capitalisme est-il moral ?,* Editions Albin Michel, pp.77-78.
[255] - *Le capitalisme est-il moral ?,op. cit., pp. 77-78.*
[256] - Bruno Latour, Vincent Antonin Lepinay, *L'économie, science des intérêts passionnés : introduction à l'anthropologie économique de Gabriel Tarde,* La Découverte, p. 4.

2. Ile, tiraillée entre la valeur-vérité, la valeur-utilité et la valeur-beauté.

Les Robinson, et surtout les rescapés verniens, après leur projet de colonisation et de domination intellectuelle, technique et scientifique de l'île, l'ont mise en valeur en la qualifiant de « l'île bénie » ainsi que les éléments naturels qui la composent à savoir les dons minéral, végétal ou animal. Toutefois, la valeur a été définie par Tarde dans *L'économie, science des intérêts passionnés* comme suit :

> Elle [La Valeur] est une qualité que nous attribuons aux choses, comme la couleur mais qui, en réalité comme la couleur, n'existe qu'en nous d'une vérité toute subjective. Elle consiste dans l'accord des jugements collectifs que nous portons sur l'aptitude des objets à être plus ou moins, et par un plus ou moins grand nombres de personnes, crus, désirés ou goûtés. Cette qualité est donc, de l'espèce singulière de celles qui, paraissant propres à présenter des degrés nombreux et à monter ou à descendre cette échelle sans changer essentiellement de nature, méritent le nom de quantité[257].

Cependant, l'idée de Tarot peut être combinée avec les relations de solidarité et de complémentarité que tissent entre eux les naufragés de Verne. Car, et selon le même auteur, Ce qui fonde à ses yeux la science sociale, c'est un type de *contamination* qui va toujours, point à point, d'individu à individu mais sans jamais s'arrêter à eux. De surcroît, la notion de valeur s'étend d'abord à toutes les évaluations de croyance et de désir : « Cette quantité abstraite se divise en trois grandes catégories qui sont les notions originales et capitales de la vie en commun : la valeur-*vérité*, la valeur-*utilité* et la

---

[257] - *L'économie, science des intérêts passionnés : introduction à l'anthropologie économique de Gabriel Tarde, op. cit.*, p. 4.

valeur-*beauté*.[258]»

> Le caractère quantitatif de tous les termes que je viens d'énumérer est aussi réel que peu apparent ; il est impliqué dans tous les jugements humains. Il n'est pas d'homme, il n'est pas de peuple qui n'ait poursuivi, pour prix de ses efforts acharnés, un certain accroissement ou de richesse, ou de gloire, ou de vérité, ou de puissance, ou de perfection artistique, et qui ne lutte contre le danger d'une diminution de tous ces biens. Nous parlons tous et nous écrivons comme s'il existait une échelle de ces diverses grandeurs, sur laquelle nous plaçons plus haut ou plus bas les divers peuples et les divers individus et les faisons monter ou descendre continuellement. Tout le monde est donc implicitement et intimement persuadé que toutes ces choses, et non pas la première seule, sont de vraies quantités, au fond. Méconnaître ce caractère vraiment quantitatif, sinon mesurable en droit et en fait, du pouvoir, de la gloire, de la vérité, de la beauté, c'est donc aller contre le sentiment constant du genre humain et donner pour but à l'effort universel une chimère[259].

2. Les Robinson, figure d'une mesure mesurante et autre mesurée.

Les Robinson font tous plutôt figure d'un homme qui a une règle, une balance, la table de multiplication toujours dans la poche et qui est toujours prêt à peser et à mesurer n'importe « quelle parcelle de nature humaine et à [en]vous dire le montant[260]». Toutefois, la volonté de séparer, de trier les moments de l'existence apparait à travers les nombreux tableaux qu'ils reproduisent : compte transparent et très fidèle du Mal et du Bien conçu comme un inventaire commercial divisé entre pertes et profits, créancier et débiteur surtout pour le Robinson de Defoe.

---

[258] - *Ibid.,* p. 6.
[259] - *Ibid.*
[260] - *Révolte et mélancolie* op.cit., p. 54.

Certes, l'œuvre de Robinson/Defoe et celle de Verne sont jonchées de chiffres et de mesures : Robinson comme Cyrus Smith ne peuvent préciser un mot sans l'accompagner par un numéro identique ou une unité de mesure. Tout ceci donne à l'œuvre de Daniel Defoe ainsi qu'à celle de Jules Verne un aspect scientifique, quantitatif, matérialiste, économique (technique) et capitaliste.

Nous pouvons donc dire que l'univers des Robinson est un univers fondé sur des chiffres et des mesures comme le signale Gradgrind :

> Toute chose dans l'univers n'est qu'une affaire de chiffres,
> un simple calcul arithmétique.[261]

Dans le même contexte, il convient donc de bien distinguer deux types de mesures, celle qui saisirait *l'état réel* (l'espace de l'île), qu'on pourrait appeler la mesure *mesurée où* « Tout est quantifié, uniformisé, réduit à la routine ennuyeuse et à l'implacable platitude. La diversité qualitative disparait et la vérité culturelle se désintègre pour devenir une structure unique, continue, façonnée par l'activité interrompue des machines [262]», pour la distinguer de celle qui *formate le mondesocial* (la contamination intellectuelle en activant le *dasein* du savoir humain : toute la communauté pense et réagit de la même manière)et qu'on pourrait appeler la mesure *mesurante*. Cette distinction permet de voir qu'il existe bien d'autres instruments disponibles pour rendre l'économie véritablement quantifiable.

> Or la gloire d'un homme, non moins que son crédit, non moins que sa fortune, est susceptible de grandir ou de diminuer sans changer de nature. Elle est donc une sorte de quantité sociale.

Pourtant, pour Robinson Crusoé,

> tout ce qui ne pouvait s'évaluer en chiffre ou tout ce qui ne pouvait pas s'acheter au plus bas et se revendre au plus

---

[261]- *Ibid.,* p. 55.
[262]- *Ibid.,* p. 56.

haut n'existait pas et ne devait jamais exister.[263]

Enfin, on peut déduire que l'œuvre de Defoe ainsi que celle de Verne sont dominées par le terme-Roi qui est « le Chiffre », allié intimement au terme « calcul »: ils constituent les seul compagnons fidèles des Robinson dans leur solitude, ils sont leur unique espoir. Ceci fait de ces deux œuvres, à savoir *Robinson Crusoé* et *l'île mystérieuse,* des œuvres mornes, obscures, sombres, rationnelles, quantitatives, des œuvres sans goûts, des œuvres qui ne font déguster que numéros, poids et mesures.

[263]- *Ibid.,* p. 55.

Chapitre 3 :

La mécanisation du monde

1. L'île, figure de l'innocence du travail

Dès le lendemain de leur naufrage, les Robinson entreprennent de s'approprier les ressources naturelles, de même que les ressources de l'épave ainsi que le don providentiel provenant d'un « Dieu caché » (pour les Robinson de Verne) : armes et poudre, nourriture et graines, outils etc. Immédiatement, les récits se concentrent sur les travaux d'aménagements : construire un abri et le meubler en fabricant les premiers objets manufacturés de l'île. Les produits de l'art sont pour les uns toujours issus de techniques rudimentaires ; par contre, pour les autres, ils sont un peu sophistiqués grâce à la science salvatrice.

> Je me mis donc à l'œuvre : et ici je constaterai nécessairement cette observation, que la raison étant l'essence et l'origine des mathématiques, tout homme qui base chaque chose sur la raison, et juge des choses le plus raisonnable possible, peut, avec le temps, passer maitre dans n'importe quel art mécanique.

Ce que fait Robinson, chacun peut y parvenir ; cela signifie aussi que chacun peut accomplir seul toutes les tâches nécessaires à sa subsistance et conquérir ainsi son autonomie. Ian Watt l'a bien formulé : si le roman se consacre au récit de la réinvention des techniques élémentaires, c'est que le travail salarié se développe et avec lui l'exploitation. En ignorant la division du travail, Robinson remplace l'économie du salariat par une économie archaïque où le fruit du travail équivaut exactement au labeur fourni. Le héros fournit un contre-point à la réalité sociale :

> Defoe remonte l'horloge économique, et transporte son héros dans un environnement primitif, où le travail peut se présenter de manière variée et stimulante, et où [...] il y a une équivalence absolue entre l'effort individuel et la

récompense individuelle[264].

Dans une société où la division du travail supprime l'intérêt des tâches productives, Robinson restaure un rapport *non-aliéné*[265] au monde, il représente la « dignité du travail [266]». Le narrateur est d'ailleurs conscient de cette différence profonde entre la signification de ses travaux sur l'île et celle de leurs équivalents en Europe. Après sa première moisson, il constate qu'il bénéficiera seul du fruit de son labeur : « c'est alors que je pouvais dire avec vérité que je travaillais pour mon pain [267]».

2. Le Robinson defoéen ou l'acuité de la contradiction entre travail et devoir puritaniste

.

Le travail-liberté, chez Robinson, correspond en pur exercice du devoir dans la volonté de Dieu. C'est la définition du *calling*. Le travail est saint lorsqu'il rend visible, à travers la prospérité de la communauté productive, la puissance de Dieu et c'est le cas aussi des Robinson de Verne qui, et grâce à une série de travaux, ont pu réaliser une satisfaction totale et collective grâce à la main intelligible de leur chef Cyrus Smith. En ce sens, l'île s'oppose exactement aux activités marchandes du héros avant le naufrage. Mieux : elle permet une rédemption du travail, perverti sur le continent par l'économie de l'échange qui fait désirer la richesse pour elle-même. Le commerce mène Robinson au naufrage, le labeur solitaire le conduit à la rédemption. Robinson, pour la première fois, a conscience de cette double nature du travail au moment où il comprend que son naufrage lui permet d'échapper au dilemme qu'elle représente.

En un mot la nature et l'expérience m'apprirent, après

---

[264]- Cité par Ian Watt dans *La Postérité de Robinson Crusoé: un mythe littéraire de la modernité, op. cit.*, p. 65.
[265]- *Ibid.*, p. 66.
[266]- *Ibid.*
[267] - *Robinson Crusoé, op. cit.*, p.166.

mûre réflexion, que toutes les bonnes choses de l'univers
ne sont bonnes pour nous que suivant l'usage que nous en
faisons, et qu'on n'en jouit qu'autant qu'on s'en sert ou
qu'on les amasse pour les donner aux autres, et pas plus.
Le larde le plus rapace de ce monde aurait été guéri de son
vice de convoitise, s'il se fut trouvé à ma place.[268]

L'insularité de Robinson permet d'innocenter le travail. Toutefois,
Robinson Crusoé associe les deux faces indissociables de l'économie, le
travail et le profit sont liés et ne doivent pas l'être, car le travail a une
prospérité qui détourne l'homme de son devoir d'où un conflit logiquement
insoluble entre les nécessités de l'économie et les exigences du devoir.
Robinson subit ici la contradiction de l'idéologie puritaine dans des termes
très proches de ceux qui seront utilisés peu après Defoe par John Wesley,
fondateur du méthodisme, mouvement dans lequel on peut voir un retour
tardif aux sources du calvinisme :

> Je crains que, partout d'où les richesses ont augmenté ; le
> principe de la religion n'ait diminué à proportion. Etant
> donné la nature des choses, je ne vois pas comment il serait
> possible, pour tout revival, de la vraie religion de durer
> longtemps. Car nécessairement la religion doit produire
> industrie et frugalité et celles-ci, à leur tour, engendrent la
> richesse. Mais lorsque la richesse s'accroît, s'accroissent
> de même orgueil, emportement et amour du monde sous
> toutes ses formes […] A quelque place qu'ils se trouvent,
> les méthodistes deviennent diligents et frugaux ; en
> conséquence, leurs biens s'associent. De là vient aussi
> qu'ils s'accroissent à mesure en orgueil, emportement,
> concupiscence, arrogance. Aussi, bien que demeure la
> forme de la religion, son esprit s'évanouit rapidement[269].

« Le péché originel » du héros est tout entier contenu dans ce dilemme.
La seule solution que propose le roman semble être une alternative sans issue
entre une vie sociale dans le péché et une pureté qui ne se retrouve que dans

---

[268]- *Ibid.* p. 179.
[269]- Cité par Max Weber dans*La Postérité de Robinson Crusoé : un mythe littéraire de la modernité,* op. cit., p. 69.

une solitude pénitentielle ; le héros de Defoe est revenu repenti parmi les hommes pour raconter son histoire. L'île est un lieu d'expiation qui s'oppose à l'Europe, lieu de la faute. Entre les deux, il n'y a pas de lien pour la vertu. La vie insulaire de Robinson ne constitue pas un modèle pour le continent. Certes exemplaire et édifiante, la solitude de Robinson est avant tout expiation.

3. Les Robinson, figure de la valeur mercantile et du matériel

Dans le « Royaume » de Robinson, chacun se voit doté du nécessaire et pour autant qu'il y mette du sien et ne gaspille point, il en reste toujours assez pour les autres. Mais, en revenant au début de l'histoire de Robinson, le motif de son voyage, qui va s'achever par un naufrage, était la recherche de la main d'œuvre ; autant d'esclaves pour accumuler, accroître sa richesse et élargir sa plantation qui est en progression positive, car le séjour de Robinson au Brésil était un séjour de fortune et de profit : Robinson n'a semé que l'argent. Vient après cet épisode, celui où Robinson, durant son séjour insulaire, plus précisément au cours de son dernier voyage, se produit un incident, apparemment insignifiant, mais dont la portée symbolique se dégagera bien plus tard : fouillant la cabine du capitaine, Robinson y découvre « la valeur d'au moins de trente-six livres sterling en espèces d'or et d'argent[270] ». Son premier réflexe est de laisser couler cet argent :

> Ö drogue ! À quoi es-tu bonne ? Tu ne vaux pas pour moi, non, tu ne vaux pas la peine que je me baisse pour te prendre ![271]

Effectivement, le monde qui attend Robinson est celui de la solitude, et l'économie qu'il pratiquera n'est pas celle de l'échange. Et pourtant, comme s'il pressentait que son séjour finissait un jour par sa délivrance et par

---

[270] - *Robinson Crusoé, op.cit.*, p. 99.
[271] - *Ibid.*

conséquence la possibilité de rejoindre le monde moderne fondé seulement sur l'argent et tout ce qui est quantitatif et mesurable, le naufragé change bientôt d'idée :

Je me ravisai cependant, je les pris[272].

Après vingt-huit ans, deux mois et dix-neuf jours, tout à fait comme avait prévu Robinson, ce dernier quitte son île, sa colonie, pour aller semer sa véritable fortune, grâce à sa plantation de sucre, au Brésil. Robinson devient richissime. Il consacre presque un chapitre à compter, à relater les bienfaits mercantiles de cette plantation restée fidèle à Robinson.

A la différence de Robinson, Suzanne n'accorde aucune importance, aucune valeur à l'argent. Ce dernier n'est pour Suzanne qu'un moyen qui motive et accentue sa détresse et sa solitude :

> … Près du tube, je trouvai un sou italien… un sou n'est pas grand-chose, surtout pour qui vient de découvrir un trésor, mais qu'il fût italien, mais que ce fût-ce son qu'on me refusait enfant dans les pâtisseries, et que les vagabonds n'acceptaient que s'ils allaient vers le sud, j'en fais atterrée… Jamais ma propre détresse, ma solitude ne fut claire comme à cette minute où je vis un italien à ma place[273].

On peut dire que lorsqu'il quitte le Brésil, Robinson préfère pour un temps une forme aventureuse du capitalisme à l'accroissement régulier des richesses qui caractérise le gestionnaire moderne, avant de solder prudemment ses bénéfices lors de son retour à Lisbonne : deux versions du capitalisme. L'aventure maritime apparaît alors comme métaphore d'une conception marchande du profit maximum mais risqué, qui se solde par un retour à des formes plus sûres de profit ; une autre leçon économique, cette fois tirée de l'aventure insulaire. Robinson sort de son expérience à la fois plus riche, doté d'un serviteur et maître d'une colonie ; ce que nous pouvons

---

[272] - *Ibid.*
[273] - *Suzanne et le Pacifique*, *op. cit.*, p. 540.

inclure dans l'exploitation de l'homme par l'homme.

Pour clore ce thème, nous pouvons nous référer à ce que dira James Joyce à propos de Robinson :

> On trouve dans Crusoé toute l'âme anglo-saxonne : l'indépendance efficace, l'apathie sexuelle, la religiosité pratique et bien équilibrée, la taciturnité calculatrice[274].

Selon Joyce, Robinson est le miroir de l'idéologie anglaise fondée essentiellement sur le culte économique et mercantile qui fait de toute chose une valeur quantitative et mesurable.

4.   Vers une civilisation aliénée

Chez les héros de Verne, la direction du travail assure la subsistance et la continuation de la communauté à une grande échelle, dans des conditions améliorées et prospères. L'utilisation fructueuse de l'appareil de production motivé par la science et le scientisme permet aux besoins et aux facultés des individus de s'accomplir dans leur complémentarité et leur union. En effet, le maitre-mot dans cette critique de cette civilisation aliénée et destructrice, est celui du *totalitarisme*[275]. C'est un système dirigé par une couche d'élitistes, afin de réaliser totalement une révolution sociale, une révolution qui substitue d'autres structures sociales, d'autres relations interindividuelles, d'autres types de distinction de classes à ceux qui paressent naturels comme la famille, le couple… dans une sphère d'unanimité absolue, obtenue par des moyens artificiels et confortée quotidiennement par les rituels collectifs. Toutefois, l'étendue et la forme de la satisfaction sont déterminées par l'usage de leur propre labeur, mais ce labeur est un travail pour un appareil qu'ils ne contrôlent pas, qui opère

---

[274] - James Joyce, *Œuvres*, Paris, Gallimard (Pléiade), 1982, vol. I, p. 1075.

[275] - « […] un système dans lequel des mécanismes technologiquement développés du pouvoir politique sont maniés par la direction centralisée d'un mouvement élitiste, dans le dessein de réaliser totalement une révolution sociale, comportant le conditionnement de l'homme sur la base de certains postulats idéologiques proclamés par les dirigeants, dans une atmosphère d'unanimité de toute la population », *L'utopie*, *op. cit.*, p. 111.

comme un pouvoir indépendant auquel les individus doivent se soumettre s'ils veulent résister et subsister. Toutefois, plus la division du travail se spécialise, plus cet appareil leur devient étranger. En réalité, les naufragés de Verne ne vivent pas leur propre vie ; ils sont pris par cette machine interminable qui fait des Robinson des esclaves :

> [...] il eut séparation entre la jouissance et le travail, entre le moyen et la fin, entre l'effort et la récompense. L'homme qui n'est plus lié, par son activité professionnelle qu'à un petit fragment isolé du tout, ne se donne qu'une formation fragmentaire ; n'ayant éternellement dans l'oreille que le bruit monotone de la roue qu'il fait tourner, il ne développe jamais l'harmonie de son être, au lieu d'imprimer à sa nature la marque de l'humanité, il n'est plus qu'un reflet de sa profession, de sa science[276].

De surcroît, Smith, le héros intellectuel de Verne, ne fait que reprendre les méthodes archaïques de ses savants aïeux, il n'invente rien, il applique seulement et il concrétise son savoir hérité par son éducation, elle-même avec tous ses composantes, à savoir la connaissance, l'école et les enseignants, contaminée par l'ère de la modernisation et de l'unification[277] ; il remplit ainsi des fonctions pré-établies. Pendant que les naufragés de Verne suent, ce ne sont pas leurs propres besoins qu'ils tentent d'assouvir, mais ils travaillent dans l'*aliénation*[278]et font tous leurs efforts pour devenir des aliénés prospères ! Ils n'inventent rient de nouveau pour leur patrie en particulier ni pour l'humanité en général. En effet, que ce soit chez Defoe, le législateur solitaire de son propre insularité, ou pour la communauté

---

[276]- Cité par Schiller dans *Jean Giraudoux :Néo-Romantisme ou Nouvelle Modernité,op. cit.*, p.90.
[277]- «Son éducation doit être une discipline qui le libère de la vision étroite, irrationnelle, que lui imposent sa famille et ses propres passions, et l'ouvre à la connaissance rationnelle et à la participation à une société qui organise l'action de la raison. L'école doit être un lieu de rupture avec le milieu d'origine et d'ouverture au progrès, à la fois par la connaissance et par la participation à une société fondée sur des principes rationnels. L'enseignant n'est pas un éducateur intervenant dans la vie privée d'enfants qui ne doivent être que des élèves ; il est un médiateur entre eux et les valeurs universelles de la vérité, du bien et du beau. L'école doit aussi remplacer les privilégiés, héritiers d'un passé rejeté, par une élite recrutée à travers les épreuves impersonnelles des concours. » *Critique de la modernité, op.,cit.*, p. 25.
[278]- Herbert Marcuse, *Eros et Civilisation*, les Editions de Minuit, 1963, p.50.

vernienne, le temps consacré aux tâches à accomplir l'emporte sur celui consacré à soi-même d'où l'absence absolue, dans le roman, de toute expression qui désigne désir, plaisir, amour ou goût car « le corps et l'esprit sont transformés en instruments du travail aliéné [279]». Les héros sont pris par le « système mécanique – c'est-à-dire artificiel, « inorganique », « géométrique », sans vie et sans âme[280] » et sombrent dans la négligence d'eux-mêmes.

> [...] le temps de travail, qui présente la plus grande partie de la vie de l'individu, est un temps pénible car le travail aliéné c'est l'absence de satisfaction, la négation du principe de plaisir. La libido est détournée vers des travaux socialement utiles où l'individu ne travaille pour lui-même que dans la mesure où il travaille pour l'appareil, engagé dans des activités qui ne coïncident, la plupart du temps, ni avec ses propres facultés ni avec ses désirs.[281]

En effet, les verniens ne font que prolonger ce qu'avait commencé leur ancêtre Robinson. D'ailleurs, nous pouvons même évoquer *l'Age de fer*[282] où la machine et le machinisme ont *artificialisé* le monde entier au nom du naturel et de l'organique, et où l'humanité travaillera avec ardeur. Il n'est plus la manifestation du déclin mais la promesse du progrès, de la réalisation de tout impossible que Comte-Sponville appelle « la loi de Gabor [283] ». En effet, nous pouvons ajouter que l'ordre que vivait la communauté vernienne est un ordre techno-scientifique. Ce dernier est structuré, intérieurement, par l'opposition du possible et de l'impossible. Techniquement, il y a ce qu'on peut faire : le possible, et ce qu'on ne peut pas faire : l'impossible. Scientifiquement, il y a ce qu'on peut penser (le possiblement vrai) et ce

---

[279]- *Ibid.*, p. 50.
[280]- Cité par ETA Hoffmann, « le Marchand de sable », in *Contes fantastiques*, Paris, Nouvelle Office d'édition, Paris, 1963, p. 79 dans *Jean Giraudoux :Néo-Romantisme ou Nouvelle Modernité,op. cit.*, p.83.
[281]- *Ibid.,* p. 51.
[282]- « cette nouvelle conception popularisée au siècle des Lumières, triomphe au XIXème siècle, en même temps que l'idéologie du progrès et l'optimisme industriel » *L'utopie*, op. cit., p. 217
[283]- C'est-à-dire que « Tout le possible, sera fait toujours ». *Le Capitalisme est-il moral ?, op. cit.,*p. 52.

qu'on ne peut pas penser (le certainement faux). Cette frontière interne, entre le possible et l'impossible, ne limite pas l'ordre techno-scientifique ; elle ne fait que le structurer en enregistrant l'état actuel et évolutif de son développement.

En guise de conclusion, nous pouvons dire que l'idéologie modernisante exploite l'énergie et la force naturelle de l'être humain, libérant ainsi le temps pour le développement du « royaume de la nécessité et du gaspillage nécessaire[284] » et en diminuant le temps nécessaire à la reproduction matérielle de la société. A cet égard, l'homme moderne éprouve autant d'admiration et d'affection pour la machine, cette « femme séduisante » qui monopolise toute son attention, son désir et son amour. En effet, ceci provoque, par le biais du travail, l'engendrement des lots de produits qui remplacent le produit naturel que sont les enfants.

---

[284]- *Eros et Civilisation, op. cit.,* p. 88.

Chapitre 4 :
L'abstraction rationaliste

La modernité est animée par la rationalité. En effet, cette dernière activée par la raison qui est « connaissance enchaînée à la domination et à la réalisation[285] » a détruit en l'homme tout ce qu'il possède d'humain, à savoir les sentiments, les coutumes, les habitudes, les relations sociales ; ce qui va provoquer malheureusement la dissolution des liens sociaux. De surcroit, le monde est devenu une grande machine où tout devient affaire de techniques de calcul, d'opérations comptables, les êtres eux-mêmes sont devenus mécaniques dans leur tête et leur cœur, en même temps que dans leurs mains[286]. Tout est quantifié au détriment des valeurs sociales. En revanche, cette quantification entraine l'homme dans un malheur frustrant « car toutes ces tergiversations ne sont que des moyens détournés, au service de certains privilégiés pour continuer à dominer leur prochain[287] ». Toutefois, ce rapport de la raison « ne reconnaît aucun acquis ; elle fait au contraire la *tabula rasa* (table rase) des croyances et des formes d'organisation sociales et politiques qui ne reposent pas sur une démonstration de type scientifique. [288]». Dans le même contexte, Alan Bloom ajoute que

> ce qui distingue la philosophie des Lumières de celle qui
> la précède, c'est son intention d'étendre à tous les hommes
> ce qui avait été le territoire de quelques-uns seulement, à
> savoir une existence menée conformément à la raison. Ce
> n'est pas 1'"idéalisme" ou 1'"optimisme" qui a motivé ces
> penseurs dans leur entreprise, mais une nouvelle science,
> une "méthode", et, alliée à celles-ci, une nouvelle science
> politique.[289]

Somme toute, au lieu de rétablir l'idée du progrès (la courbe montante

---

[285] - *Gusdorf*, p. 70. dans*Jean Giraudoux : Néo-Romantisme ou Nouvelle Modernité, op. cit.*, p. 83.

[286]- Carlyle dans *Jean Giraudoux : Néo-Romantisme ou Nouvelle Modernité, op. cit.*, pp. 82/83.

[287]- *Jean Giraudoux : Néo-Romantisme ou Nouvelle Modernité, op. cit.*, p. 85.

[288]- *Critique de la modernité,op. cit.*, p. 24.

[289] - *Ibid.*

selon Herbert Marcuse), la rationalité a contribué au contraire à asseoir : « la domination [...] d'un groupe ou d'un individu particulier en vue de se maintenir dans une situation privilégiée et de s'y établir[290] ». Elle est un projet purement instrumental visant à instrumentaliser les rapports entre les individus au service de la pénurie et de l'asservissement des classes sociales dominées et de l'être en général. De surcroit, la rationalité, composante indispensable de la modernité, devient un mécanisme spontané et nécessaire de modernisation. En effet, selon Alain Touraine :

> Celle-ci [la modernisation] n'est pas l'œuvre d'un despote éclairé, d'une révolution populaire ou de la volonté d'un groupe dirigeant ; elle est l'œuvre de la Raison elle-même, et donc surtout de la science, de la technologie et de l'éducation, et les politiques sociales de modernisation ne doivent pas avoir d'autre but que de dégager la route de la raison en supprimant les réglementations, les défenses corporatistes ou les barrières douanières, en créant la sécurité et la prévisibilité dont l'entrepreneur a besoin et en formant des gestionnaires et des opérateurs compétents et consciencieux.[291]

La modernisation est donc tout un système articulé autour de ladite Raison qui a fait du monde un champ énorme de concurrences et de batailles technologiques et scientifiques, un monde où l'on s'entredévore pour s'auto-satisfaire afin de satisfaire l'humanité et procurer le bonheur des temps perdus. La question qui se pose est ainsi la suivante : est-ce que la Civilisation cherche vraiment le bonheur de l'humanité ? Si oui, comment ce bonheur pourra être défini ? Est-ce que par un autre bonheur consistant en la simple et pure aliénation de l'humanité ?!

---

[290] - *Eros et Civilisation*, *op. cit.*, p. 83.
[291] - *Critique de la modernité,op. cit.*, p. 23.

Chapitre 5 :

La dissolution des liens sociaux

Chez Defoe comme chez Verne, l'île s'oppose au reste du monde comme le lieu clos du mesurable et du descriptible à l'espace ouvert qui échappe à la mesure et au langage (le cas de la femme-Robinson de Jean Giraudoux), comme le lieu de la maitrise à celui de sa perte, comme celui de l'ordre à celui du chaos.

Isolés du monde, les Robinson ne cessent de construire des retranchements, y compris à l'égard d'eux-mêmes, toujours menacés par l'ennemi intérieur ainsi que par l'intrusion extérieure. La Suzanne de Giraudoux, abordant l'île de Robinson, ne découvre-t-elle pas cette inscription, gravée en latin par son illustre ancêtre sur les parois de sa grotte : «Méfie-toi de toi-même [292]» d'où la socialisation si particulière des Robinson : à la fois en manque d'autrui et redoutant leurs contacts, capables seulement de les écarter ou de les refaçonner à leur propre image, à leur guise, à l'instar du «Poll»: le perroquet, de Vendredi qui ne porte ni un nom d'homme ni un nom de chose. Son nom est un événement, un repère dans le calendrier. De même, la ré-humanisation d'Ayrton considéré par les colons tel un monstre. Ainsi, tous sont assujettis aux obligations contractuelles qu'ils ont préparées à leurs intentions.

L'accumulation des objets, la nomination du monde et la classification rationnelle rapprochent Robinson d'un auteur de dictionnaire, d'un faiseur de nomenclature où chaque objet possède une étiquette très précise qui le désigne. Chez les Robinson industrieux, fondateurs et chefs d'entreprises technico-scientifiques gigantesques d'appropriation, de refondation et de réification de l'univers social, on apprend, en peu de temps, les noms de tous les animaux qui s'offrent aux yeux, et de tous les objets que renferme leur colonie « prospère ». C'est selon cette perspective que les objets deviennent

---

[292]- *Suzanne et le Pacifique*, *op. cit.* , p. 540.

de plus en plus nombreux : l'île deviendra un laboratoire d'examens et d'expériences inachevées, un bazar d'objets réinventés et fabriqués manuellement par les Robinson. Objets qui sont indispensables pour les héros pour garantir leurs productions et accroître leurs richesses et par conséquence la récolte du profit et du bénéfice. Les Robinson ont fait des gens qu'ils ont eux-mêmes sauvés (Vendredi, Ayrton, Jup, l'Espagnol, le père de Vendredi et le capitaine victime d'une mutinerie…), des serviteurs, des assujettis, pis encore, de la main-d'œuvre qui se soumet à la lettre à leurs instructions, Ils s'approprient à leur guise les choses aussi bien que les gens et vice versa. En effet, La relation des Robinson defoéen et tournierien (avant son *inversion bénigne*) avec leurs esclaves est une relation contractuelle, utilitariste ne visant que la réalisation de leurs intérêts personnels qui sont dictés par les impératifs administratifs du rationalisme économique lucratif, tout en humiliant leurs rapports sociaux avec d'autrui ; ce que Roland Chagnon appelle l'individualisme et qu'il définit comme suit :

> Une doctrine utilitariste qui règle les rapports et les relations entre les individus sur la base de l'intérêt personnel, équation «coûts-bénéfices» où les échanges se comptabilisent par la recherche de gains ou d'avantages personnels maximums au moindre coût, c'est-à-dire au minimum d'efforts possible[293].

Une situation qui conduit, selon Ian Watt, à une « atomisation sociale [294]» désastreuse tant pour l'individu que pour la société.

L'individualisme des Robinson se manifeste dans le rationalisme comme élément central : le calcul, pour eux, qui fera les comptes et bilans, est absolument tout ce qui les intéresse, qu'il s'agisse de leurs peines et plaisirs, du nombre des cannibales tués, ou des convicts ou encore de la

---

[293] - Roland Chagnon, « Individualisme et solidarité dans les milieux thérapeutiquesquébécois », in*Ethica*, vol. II, n° 2, 1990, p. 95.
[294] - Ian Watt, « Robinson Crusoe as a myth », in *Essays in Criticism,* vol. I, n° 2, avril 1951, p. 116.

rentabilité d'un ouvrage au regard du nombre d'heures qu'ils doivent y consacrer. C'est un même utilitarisme égocentrique, à base de calcul coûts /avantages qui caractérise l'individualisme des Robinsons, cherchant toujours, comme des individus modernes et cultivés d'une culture elle-même fruit de l'aliénation, à maximiser leurs préférences et compétences personnelles et intellectuelles. Aussi, l'individualisme de Robinson defoéen est-il celui de la religiosité protestante et des pratiques puritaines, récusant la médiation des Eglises instituées et des sermons, pour forger dans la lecture de la Bible et le face-à-face permanent avec le Créateur, la voie du salut.

L'individualisme est le résultat du matérialisme qui a

> tout envahi, dans cette microsociété rationalisée, spécialisée, mathématique, technologique, les lieux comme les relations entre les gens. Ceci se manifeste particulièrement dans l'omniprésence des biens de consommation qui fait de la colonie un espace carrément consumérique et des objets d'usage courant, mais surtout dans une invraisemblable profusion, un étalage monstrueux de marchandises et de marques de commerce qui confère une impression d'envahissement et d'étouffement.[295]

A cette profusion d'objets s'oppose, toutefois, le vide des relations interpersonnelles. La vie dans le monde hérité de Robinson, et telle qu'elle était déjà contenue en germe dans Robinson Crusoé, qui, selon Watt

> depicts in its casual reports of the hero's behaviour and of his occasional parenthetic reflections, the shameless and perversive impact of the cash nexus upon the character and personal relationships of the archetypical economic man.[296]

---

[295] - Mario Leduc, « Le bonheur autrement. L'héritage décrié de Robinson Crusoé dans les grandes marées de Jacques Poulin », in *Voix et images,* vol. 26, n° 3, (78) 2001, p. 575.
[296] - Ian Watt, *op. cit.*, p. 113. Traduction de Mario Leduc « dépeint par l'esquisse rapide du comportement du héros ainsi que par la transcription, entre parenthèses, de sa pensée, des effets impudents et envahissants engendrés par le commerce de l'agent sur le tempérament et les

La vie est peuplée de gens désindividualisés, déshumanisés, déguisés par Robinson de costumes matérialistes, capitalistes et mercantiles. Robinson est un être actif, qui agit sur le monde, le modèle, le transforme, qui construit, défriche, bâtit, travaille parce qu'il se trouve dans un monde en devenir, un monde purement matérialiste, économique.

On peut dire que la vie des Robinson est une vie économique motivée par le scientisme et la rationalité, par excellence, une vie « qui constitue la partie la plus importante de la vie sociale moderne, [où] toute relation authentique avec l'aspect qualitatif des objets et des êtres tend à disparaitre, aussi bien des relations entre les hommes et les choses que des relations interhumaines, pour être remplacée par une relation médiatisée, la relation avec les valeurs d'échanges purement quantitatives[297]».

Le monde de Robinson était tellement bien adapté aux conditions de vie environnante, monstrueuse machine douée d'une vie distincte de celle de son créateur, et qui s'est développée au point de prendre toute la place, n'en laissant plus rien pour autre chose, pour un autre mode de vie, pour d'autres valeurs, réalisant ainsi la terrible prédiction deJacques Poulin dans *Volkswagen Blues* :

> Un jour, il ne restera plus que des commerçants sur terre[298].
> Une terre envahie par les «représentants de la civilisation contemporaine envahissante[299]», «congestionné[e] par la bonne volonté et les valeurs irrésistibles de la civilisation moderne[300].

Somme toute, un jour, et comme le prévoit bel et bien Jacques Poulin, la terre sera monopolisée par ladite civilisation où tout le monde sera tel un robot privé de sentiments et qui n'existe que pour travailler afin de satisfaire

---

relations interpersonnelles de l'archétype de l'homme économique... »
[297] - Lucien Goldmann, *Pour une sociologie du roman*, Paris, Gallimard, 1964, p. 25.
[298] - Jacques Poulin, *Volkswagen Blues,* Montréal, Québec Amérique, coll. « Littérature d'Amérique », 1984, p. 276.
[299] - Jean-Pierre Lapointe, « Sur la piste américaine : le statut des références littéraires dans l'œuvre de Jacques Poulin », in *Voix et images, n° 43*, automne 1989, p. 17.
[300] - *Ibid.*, p. 26-27.

ses besoins mécaniques et répondre à la cosmogonie artificielle inventée par cet utilitarisme.

Partie IV :

Vers la constitution d'une utopie esthétique

Chapitre 1 :
Vers la perfection du commencement

1. Jean Giraudoux ou la *Nouvelle Modernité*[301]

L'homme moderne de Jean Giraudoux n'est guère celui héritier de Prométhée, qui sacrifie sa vie en entrant en conflit avec les dieux pour leur dérober un savoir-faire et reconstruire laborieusement et machinalement une vie heureuse. Ce savoir-faire n'est en réalité qu'un « savoir-défaire » ou encore un « savoir-détruire » qui va mener toute l'humanité vers la rupture absolue avec tout le Cosmos, vers la chute absolue. En effet, pour lutter contre ce désastre, Giraudoux, en poète, transfigure le mythe de Prométhée[302] à la guise d'une humanité souffrant des affres de la modernité et souhaitant y remédier ; il voulait par cela « rénover [le monde] dans sa forme, et le régénérer dans son essence[303] ». C'est ce qui fait sa modernité.

Ainsi, l'auteur de *Suzanne et le Pacifique* essaie de poétiser, d'esthétiser le monde en ayant recours à des armes littéraires, à savoir l'intrusion du rêve, du sublime, du mythe et également par l'exaltation de la subjectivité, le culte du moi nostalgique d'une communauté heureuse et homogène où les êtres vivaient en parfaite harmonie entre eux et en totale symbiose avec la nature, afin de protéger l'individu, en mutation continuelle, de cette contamination de la civilisation qui a standardisé et les *Objets* et les *Sujets* et cela par une frénésie indomptable de productivité inutile.

De surcroît, selon Abdelghani El Himani[304], le romantisme de Jean Giraudoux est un nouveau romantisme français qui se détache de celui du XIXème siècle qui n'a qu'un seul et unique but, celui de se libérer du joug des contraintes formelles engendrées par les conventions esthétiques du

---

[301] Le terme de « Nouvelle modernité » est emprunté au livre de mon professeur Abdelghani EL HIMANI, *Jean Giraudoux : Néo-Romantisme ou Nouvelle Modernité*.
[302] *op. cit.*, p. 139.
[303] *Le sourcier de l'Eden : l'esthétique de l'idylle dans l'œuvre romantique de Jean Giraudoux*, *op. cit.*, p. 41.
[304] *Jean Giraudoux : Néo-Romantisme ou Nouvelle Modernité*, *op. cit.*, p. 6.

classicisme. Cependant, chez Giraudoux, il est question d'une vraie révolution qui met en branle tous les aspects de la vie culturelle d'une communauté. En effet, le romantisme revêt, pour Giraudoux, une grande importance dans l'existence humaine ; en plus qu'il constitue « un moment [305]» précis ou plus encore « un moment romantique [306]» d'une nation, il est l'expression à la fois d'un certain accomplissement existentiel remettant en question l'être, l'intellectuel et l'artiste et d'une agonie d'esprit puisqu'il vaut une interrogation essentielle atteignant corps et pensée. Ainsi, le romantisme constitue une nécessité de la nostalgie de l'*âme moderne*, de la nostalgie du *cœur* puisqu'il s'impose comme une sorte d'exigence intrinsèque et profonde devant laquelle tout cède :

> Grâce à la cohérence intérieure de nos pensées et de leur harmonie avec l'univers se forme tout naturellement un système de pensées qui est l'image et la formule fidèle de l'univers.[307]

L'objectif constant de Giraudoux est toujours de chercher la place de l'homme dans l'univers et, répondant à sa propre question, de l'y remettre, en lui attribuant, comme au premier jardin de l'humanité, la liberté, l'aisance, la virginité, la douceur, l'insouciance, la gaieté, l'imperturbable innocence d'Adam et Eve.

Selon Christian Allègre :

> La formule du romantique semble donc avoir séduit Giraudoux ; le rêve d'un tout cosmique ordonné dont l'expérience humaine pourrait être rendu dans le Roman, roman théorétique plus que narratif, roman du Soi, de l'aventure du Soi dans le monde.[308]

---

[305]- Jean Giraudoux, « De siècle a siècle », in *Littérature*, p.179. Cité in *Jean Giraudoux : Néo-Romantisme ou Nouvelle Modernité,op. cit.*, p. 13.
[306]- *Ibid.*
[307]- Novalis, « Les Disciples à Sais », in *Petits écrits* p. 237. Cité Par Abdelghani El Himani in *Jean Giraudoux : Néoromantique ou Nouvelle Modernité, op. cit.*, p.14.
[308]- *Le sourcier de l'Eden,op. cit.*, pp. 195-196.

Toutefois, l'écrivain romantique acquiert une dimension à la hauteur de sa tâche ; celle d'être le *guérisseur*[309] des souffrances dont pâtit la société et de « recréer dans toutes les alvéoles taries (de la société) que sont nos cœurs, la sève d'où s'élabora l'imagination de demain [310] » avec le seul levain digne de ce nom, la seule *vérité*, la *vérité littéraire*[311].

2.   C'est quoi le romantisme ?

Dans leur livre célèbre *Révolte et mélancolie : Le romantisme à contre-courant de la modernité*, Löwy et Sayre définissent le romantisme telle une vision du monde, une révolte contre la modernité capitaliste visant à uniformiser et le monde et les individus par le biais de la rationalité, de la mécanisation du monde, de l'esprit de calcul, de la suprématie de la valeur d'échange, de la perte des qualités humaines, sentimentales et spirituelles, de la dissolution des liens sociaux[312]. Ils rejoignent par leur acception Karl Mannheim qui parle d'« opposition conservatrice au vécu bourgeois-capitaliste[313] ». Dans le même sens, Ernest Fischer définit le mouvement romantique comme étant « un mouvement de protestation, de protestation passionnée et contradictoire contre le monde bourgeois capitaliste, le monde des « illusions perdues », contre la dure prose des affaires et du profit…[314] ».

Ainsi, nous pouvons dire que le romantisme est une vision du monde, une révolte contre l'agacement provoqué par la modernité capitaliste. Ce mouvement présente des caractéristiques telles que l'imagination, le culte

---

[309]- Jean Giraudoux, « De siècle a siècle », in « Littérature », p.189. Cité in *Jean Giraudoux : Néo-Romantisme ou Nouvelle Modernité,op. cit.*, p. 13.

[310]- *Ibid.*

[311]- Jean Giraudoux, « Racine », in « Littérature », (1ere edition Bernard Grasset, 1941), coll. Folio /Essai, Gallimard, 1994, p. 29. Cité dans *Jean Giraudoux : Néo-Romantisme ou Nouvelle Modernité,op. cit.*, p. 13.

[312]- *Ibid.*, p. 7.

[313]- *Révolte et mélancolie* dans *Jean Giraudoux : Néo-Romantisme ou Nouvelle Modernité,op. cit.*, p. 72.

[314]- Ernest Fisher, *La Nécessité de l'art : une approche marxiste*, Londres, Penguin, 1963, pp. 52-55. Dans *Révolte et mélancolie*, p. 23 in *Jean Giraudoux : Néo-Romantisme ou Nouvelle Modernité,op. cit.*, p. 72.

des émotions fortes, le subjectivisme, l'intérêt pour la nature, pour la mythologie, le symbolisme, le sublime, la rhétorique, etc. De même, les romantiques font figure de lampe émettant sa propre lumière et non plus un miroir miroitant l'univers et exprimant les impressions externes de l'âme humaine[315].

Nous pouvons ajouter que les œuvres romantiques adoptent parfois fantastique pour dénoncer une réalité sociale et rêver d'un monde radicalement différent de celui de l'existant. C'est une révolte par l'imaginaire, une *utopie esthétique* opposée à la platitude de la quotidienneté, au malaise de la modernité afin de réenchanter l'existence humaine.

---

[315]-Idée d'Abramsdans*The Mirror and the lamp: romantic theory and the critical tradition*, Oxford University, Press, 1971, in *Jean Giraudoux : Néo-Romantisme ou Nouvelle Modernité,op. cit.*, p. 71.

Chapitre 2 :

L'innocence figure de l'enfance du monde

L'édénisme giralducien et tournierien font appel à une sorte de nostalgie de la pureté, de l'enfance du monde, au sentiment d'un lien avec le cosmos, à l'androgynisme, à des thématiques élevées au rang de mythes comme la province, l'île, la jeune fille... ou une condamnation du caractère masculin de la civilisation[316]. En effet, surtout pour Giraudoux, cette remise en question du caractère masculin de la civilisation moderne - car elle est l'œuvre de ce que l'auteur appelle « l'humanité mâle [317]» - se conjugue par le recours à la gent féminine.

Toutefois, ce triomphe de la femme n'est pas fortuit ; la femme est cet être sensible et fragile. Elle est axe et sujet du désir et du plaisir. Par cela, la femme est donc plus proche de ce que la psychanalyse appelle « l'instinct régressif de paix qui barrait la route du progrès [318]». Or, et malgré cette faiblesse, la femme est depuis la nuit des temps l'image de l'éternelle rebelle, insoumise et indomptable comme toutes les héroïnes de Jean Giraudoux. Par ailleurs, et comme le préconise Abdelghani El Himani[319], la femme joue un rôle crucial dans l'imaginaire romantique dans la mesure où elle est considérée comme ayant une propension naturelle à la vérité, où elle peut réconcilier « la vérité avec l'émotion et la passion [320]» ; la femme peut également miroiter la « médiation de transcendance [321]» ; elle jouit, chez les romantiques, d'un statut privilégié qui souvent fait défaut à l'homme, égaré par son goût de « ratiocination [322]». Giraudoux ne va pas s'écarter de cette

---

[316] - La civilisation au masculin est l'image de Robinson, archétype de la modernité, qui s'efforce à transposer à tout prix toute une civilisation sur une terre toute vierge.

[317]- *Jean Giraudoux : Néo-Romantisme ou Nouvelle Modernité,op. cit.,* p. 136.

[318] - *Eros et civilisation, op. cit.,* p. 74.

[319]- *Jean Giraudoux : Néo-Romantisme ou Nouvelle Modernité,op. cit.,* p. 136.

[320] - Georges Gusdorf, *Le Romantisme II,* Coll. « Grande Bibliothèque Payot », éditions Payot, Paris, 1993, p. 106, cité dans *Jean Giraudoux : Néo-Romantisme ou Nouvelle Modernité,op. cit.,* p. 136.

[321] - *Ibid.*

[322]- *Ibid.*

règle romantique ; toutes ses héroïnes sont des femmes et la plupart de ses œuvres portent des prénoms de femmes.

Toutefois, dans les deux romans, que ce soit celui de Jean Giraudoux ou de celui de Michel Tournier, nous remarquons la présence du thème de l'innocence qui est en étroite relation avec le thème de la pureté et de la naïveté enfantines. Cependant, selon Jean Giraudoux « l'innocence d'être est l'adaptation absolue à l'univers dans lequel il vit [323]». Il ajoute que « l'innocent n'est pas celui qui est condamné, c'est celui qui ne porte pas condamnation [324]». Il est en fait « celui qui n'explique pas, pour qui la vie est à la fois un mystère et une clarté totale, qui ne récrimine pas…[325] ». De même, « l'innocence est cette insensibilité ou cet amour qui ne vous dénonce personne. Le sentiment de l'égalité complète, de l'association absolue avec toutes les races et espèces, morales ou physiques, c'est cela l'innocence[326] ». Nous pouvons dire que l'innocence est un sentiment divin et céleste qui ne laisse aucune place aux vices terrestres. Il est par cela signe de la pureté suprême. Par contre, Michel Tournier, dans *Le Roi des Aulnes*, montre la relation contrastée existant entre innocence et pureté :

> La pureté est l'inversion maligne de l'innocence.
> L'innocence est l'amour de l'être, acceptation souriante
> des nourritures célestes et terrestres, ignorance de
> l'alternative infernale pureté-impureté. De cette sainteté
> spontanée et comme native, *Satan a fait une singerie qui
> lui ressemble et qui est tout l'inverse :* la pureté. La pureté
> est l'horreur de la vie, haine de l'homme, passion morbide
> du néant. […] purification religieuse, épuration politique,
> sauvegarde de la pureté de la race, nombreuses sont les
> variations sur ce thème atroce, mais toutes débouchent
> avec monotonie sur des crimes sans nombre dont
> l'instrument privilégie est le feu, symbole de pureté et

---

[323] - Jean Giraudoux, « Charles Louis Philippe », *La Grande Revue*, 14ème année, t.LIX, No. 1, 10 janvier 1910, pp. 188-191 dans Littérature en 1941 in *Le sourcier de l'Eden : l'esthétique de l'idylle dans l'œuvre romanesque de Jean Giraudoux, op. cit.,* p.90.
[324] - *Ibid.*
[325] - *Ibid.*
[326] - *Ibid.*

symbole de l'enfer[327].

Toutefois, les protagonistes de Giraudoux et de Tournier bénéficient d'une renaissance épurée des traces du péché originel sur une île innocente, signalant l'innocence de l'humanité d'Adam et d'Eve d'avant la Chute :

> Mais un beau soleil, ce jour-là, projecteur d'Europe, projetait sur ces bêtes de petits défauts, de petites qualités qui ne me rendaient qu'à une douce et *enfantine humanité.*[328]

Dans son roman *Suzanne et le Pacifique*, Jean Giraudoux fait une expérience pure et innocente grâce à sa Suzanne, naufragée, jeune, vierge et orpheline ; symbole de l'innocence, de la pureté, de l'ignorance, de la pudeur et bien encore, de l'Eve d'avant la Chute. Elle profite de son séjour paradisiaque à l'abri d'un vrai paradis où elle découvre l'état de nature et s'y adapte, puisqu'elle s'accorde parfaitement avec le monde et qu'elle n'éprouve pas le besoin de s'y opposer. Elle porte pour seul vêtement de la poudre de nacre ; elle préfère rester en contact direct avec les éléments cosmiques de la nature : la nudité dans laquelle vit Suzanne correspond à un signe de sensualité, de liberté et de paix éternelles. Elle est une sorte de retour à l'état primordial ; état de pureté, d'innocence originelle d'avant la Chute, d'avant la conscience d'un péché et de l'émergence de la honte. Nous pouvons donc déduire que la nudité réunit innocence et beauté. Suzanne est le personnage idéal pour une telle expérimentation. Elle effleure l'existence. Elle est seulement une enveloppe façonnée par une éducation dans une pension de jeunes filles qui lui a donné une connaissance très romanesque et très superficielle du monde.

Suzanne possède non seulement la pureté de la jeune fille mais tout son charme, son attirance par les plaisirs défendus, et sa féminité fait d'elle l'Eve rêvée. Elle a accepté la vie naturelle telle qu'elle se présente, et cela signifie

---

[327]- Michel Tournier, *Le Roi des Aulnes*, p. 125.
[328]- *Suzanne et le Pacifique, op. cit.*, p. 536.

que Suzanne s'accroche à son passé ontologique ; celui rappelant le passé primitif, libre et simple de l'humanité. Elle refuse d'être une aliénée, à l'image des Robinson : elle choisit l'humain, le respect de la nature et tout ce qui est vertu, continuation de la race humaine, de l'Eve d'avant le péché originel. Elle est aussi la mère protectrice de son enfant qui est bien sûr le monde. Elle connote l'enfance du monde, d'un monde d'ignorance originelle, de paix, de fraîcheur, de pureté, de pudeur, de calme et de liberté. Elle est l'image d'une nature paradisiaque, une nature de la netteté et de la franchise humaines.

Jean Giraudoux a fait de son héroïne la déesse d'un monde anacréontique, la Créatrice de son univers : elle connaît précisément ce qui sera bon ou mauvais pour la vie de ses créatures. Elle protège sa patrie céleste de tous les dangers. Suzanne, la reine des oiseaux, donne plus d'intérêt à son confort sentimental. Elle passe tout son temps à se baigner, à contempler la nature. La quête de ce confort se reflète dans le temps consacré pour la conception d'« un » lit (six jours). Un lit qui est symbole du trône de l'unique déesse, Suzanne. Celle-ci est entourée d'oiseaux désignant la légèreté et la liberté divine. Nous pouvons dire aussi que l'oiseau est la figure de l'âme s'échappant du corps. Plus généralement encore, les oiseaux symbolisent des étapes spirituelles, les anges, les états supérieurs de l'être. La légèreté de l'oiseau est symbole des opérations de l'imagination légères mais surtout instables, voletant sans méthodes et sans suite ; ce qui peut désigner une spontanéité primordiale, violente et incontrôlée. L'oiseau est pris aussi comme symbole de l'immortalité de l'âme dans la poésie.

Suzanne est le symbole d'une nature humaine d'avant la faute, d'une nature propre, de vertus, une nature d'avant la conscience. Elle est symbole de bien, de finesse et de légèreté, de féminité et de fertilité, de dévouement et de Grâce divine.

Suzanne prouve et affirme partout sa fonction comme une femme-poète, miroir d'une nature-poète, une femme de beauté et d'art, une femme de couleurs et d'esthétique, une femme dont on peut dire qu'elle est l'esthète de l'humanité.

Il s'avère nécessaire de dire que le naufrage, comme événement fatidique, établit la rupture nécessaire avec la société occidentale qui permettra la mort et la renaissance symboliques de l'homme civilisé en « bon sauvage [329]», à l'exemple d'un initiateur « encore plus vierge de la civilisation que Robinson après sa cure de solitude [330]» :

> Si les Caraïbes et ses pirates parlaient davantage que le Pacifique à l'imagination des contemporains de Defoe, le Pacifique, à partir du XVIIIème siècle et plus encore au XIXème et XXème siècles, est devenu le lieu par excellence de l'exotisme d'où l'en fuit, tel Gauguin, les contraintes de la civilisation. Le Pacifique est le lieu mythique, à l'écart de la civilisation, où l'on peut encore rencontrer le bon sauvage[331].

Mircea Eliade commente ainsi :

> Le mythe du bon sauvage ne fit que relayer et prolonger le mythe de l'Age d'or, c'est-à-dire de *la perfection des commencements*. A en croire les idéologues et utopistes de la Renaissance, cet Age d'or avait été perdu par la faute de

---

[329]- Tournier, dans une entrevue avec des étudiants du lycée Montaigne, commente le mythe du « bon sauvage » et son importance dans son propre projet de réécriture romanesque : « Il y a un écrivain qui a failli me couper l'herbe sous le pied. […] C'est Jean-Jacques Rousseau. Pour *L'Emile*, il dit : « Emile n'aura qu'un seul livre dans sa bibliothèque. Ce sera le Robinson Crusoé de Daniel Defoe. » […] On s'aperçoit que, dans l'esprit de J.J Rousseau, le bon sauvage, ça n'est pas Vendredi, c'est Robinson […] parce que Robinson était un homme de la société, perdu par la société, pourri par la société et grâce au destin, il est arraché à ce milieu, et il devient un bon sauvage. » Il ajoute que Rousseau n'était pas capable d'envisager un Vendredi qui renverserait les relations de dominant-dominé qui s'instaurent d'emblée entre lui et Robinson, Emile doit arrêter sa lecture au moment où, Vendredi étant apparu sur scène, la société, et le mal, se trouvent reconstitués. C'est ainsi que l'écrivain du XVIIIème siècle laisse libre voie d'innovation à l'écrivain contemporain, c'est-à-dire libre de se présenter un Vendredi qui saura dépasser la dialectique hégélienne de maitre-esclave afin de rendre les deux hommes, les deux frères, égaux. « Tournier face aux lycéens », in *Le Magazine littéraire*, n : 226, janvier 1986, p. 22.
[330]- *Vendredi ou les limbes du Pacifique,op. cit.*, p.229.
[331] - Arlette Bouloumie commente *Vendredi ou les limbes du Pacifique* de Michel Tournier, *op. cit.*, p. 64

la « civilisation ». L'état d'innocence, de béatitude spirituelle de l'homme avant la chute, du mythe paradisiaque, devient dans le mythe du bon sauvage l'état de pureté, de liberté et de béatitude de l'homme exemplaire au milieu d'une Nature maternelle et généreuse. Mais on reconnait sans peine dans cette image de la Nature primordiale les caractéristiques d'un paysage paradisiaque[332].

Le naufrage de Robinson tournierien prend ainsi une valeur de rite purificateur de l'homme occidental. Au sujet du Robinson de Defoe, qui se trouve dans la même situation initiale, le critique Marthe Robert écrit : « Nu, dépossédé de son existence antérieure et par la suite lavé de tout péché (son naufrage ayant évidemment valeur de baptême) il est dans la situation la plus proche de l'état adamique parfait[333] ». Toutefois, si le Robinson tournierien est « semblable au premier homme sous l'Arbre de la Connaissance [334]», ce n'est nullement parce qu'il s'identifie à Adam dans le Paradis terrestre ; au contraire, l'île, nommée *Désolation*[335], est plus d'emblée perçue comme « une terre pleine de maléfices [336]», un véritable « pays d'Apocalypse [337]». L'île figure « […] une prison à l'instar de l'île d'Elbe, de l'île du Diable, de Sainte-Hélène qui furent des lieux d'exil[338] ». Ainsi, ayant négligée de tenir compte du temps depuis le naufrage, Robinson se trouve « coupé du calendrier des hommes [339]», comme il est coupé de la civilisation par les eaux qui l'entourent. Il se voit « réduit à vivre dans un îlot de temps, comme sur une île dans l'espace [340]». Cette terre qui renvoie à la fois au Paradis et à l'Enfer, qui est un lieu suspendu entre ciel et enfers,

---

[332]- Mircea Eliade, *Mythes, rêves et mystères,* Paris, Gallimard, 1957, p. 42.

[333]- Marthe Robert, *Roman des origines et origines du roman,* Paris, Gallimard, Collection « Tel », 1972, p. 137.

[334]- *Vendredi ou les limbes du Pacifique,op. cit.,* p. 31.

[335]- *Ibid.,* p. 18.

[336]- *Vendredi ou les limbes du Pacifique, op. cit.,* p. 34.

[337]- *Ibid.,* p. 30.

[338]- Arlette Bouloumie, Michel Tournier, *Le Roman mythologique,* Paris, Jose Corti, 1988, p.32.

[339]- *Vendredi ou les limbes du Pacifique, op. cit.,* p. 27.

[340]- *Ibid.,* p. 45.

dans des limbes, en somme [341]», figure l'ambivalence de l'espace mythique :
« […] un espace vierge, évocateur du monde de la Genèse. C'est un espace
ambigu, perçu d'abord comme infernal, où le héros au cours de sa
métamorphose, apprend à redécouvrir l'Eden [342]». Or, la valence négative
qui marque cette première phase de l'existence de Robinson dans l'île
s'avère être une étape dans son initiation ; elle prend donc des dimensions
mythiques et ainsi, le premier geste de Robinson dans l'île, c'est-à-dire tuer
le bouc, équivaut en quelque sorte au fratricide originel. Dans une initiation
alchimique, la première ère dans l'île constitue la réintégration de la
situation primordiale, puisque toute construction, qu'elle soit d'ordre
matériel ou spirituel, n'est qu'une répétition de la cosmogonie.

De surcroît, la symbolique principale minant les métaphores qui se
dégagent des premières expériences initiatiques de Robinson se rapporte à
une temporalité antérieure aux événements présents ; ce sont alors des
images évoquant les premières années de sa vie, et plus particulièrement un
imaginaire relié à sa vie utérine et à la figure maternelle, qui sont au cœur
des enjeux et apprentissages auxquels il est maintenant confronté. Sous
forme de fantasme, ce retour à ses origines est absolument nécessaire pour
assurer son accession aux étapes ultérieures marquant son évolution. Tout
comme le mythe racontant l'origine humaine, le récit des aventures de
Robinson de Tournier se doit de narrer les premiers instants de son
existence : de sa création et de son apparition dans le monde des hommes
aux événements marquants de sa petite enfance. Une attention particulière à
cette temporalité directement liée aux origines de son existence est capitale
à l'élaboration de rapprochements entre ses aventures personnelles et les
mythes racontant la naissance de l'humanité.

La parole de l'évangéliste m'est revenu à l'esprit, mais

---

[341]- *Ibid.*, p. 130.
[342]- Arlette Bouloumie commente *Vendredi ou les Limbes du Pacifique* de Michel Tournier, *op. cit.*, p.69.

avec un sens menaçant cette fois : *Nul, s'il n'est semblable à un petit enfant...* Par quelle aberration ai-je pu me prévaloir de l'innocence d'un petit enfant ? Je suis un homme dans la force de l'âge et je me dois d'assumer virilement mon destin. Les forces que je puisais au sein de *Speranza* étaient le dangereux salaire d'une *régression* vers les sources de moi-même. J'y trouvais, certes, la paix et l'allégresse, mais j'écraserais de mon poids d'homme ma terre nourricière. [343]

Il convient d'ajouter que la nudité des deux protagonistes, à savoir celle de Giraudoux et celui de Tournier, est le symbole de leur innocence intrinsèque. La jeunesse des héros, leur nudité, leur sevrage de la civilisation occidentale, les purifient de toutes les saletés, de tous les vices de ladite modernité. Ils vivent, en fait, dans cet intervalle qui sépare la création du péché originel, dans une pureté originelle, d'une nudité qui est celle des habitants du jardin d'Eden, d'avant la Chute.

---

[343]- *Vendredi ou les limbes du Pacifique,op. cit.,* p.114.

Chapitre 3 :

Le temps éternel

Le temps est la source de la faillibilité de l'être humain à cause de sa finitude ; le temps est la mort tandis que l'espace est notre ami par excellence, celui par lequel notre imaginaire peut se développer. C'est de cette manière que le mythe peut être interprété comme un remède contre le temps et la mort. En effet, le mythe pose comme question centrale l'origine et le temps fabuleux, comme le nomme Eliade, *in illotempore*[344]des commencements.

> L'homme est dans son essence un être fini, et la mort appartient à l'essence même de la vie. Il n'y a que des valeurs supérieures qui soient éternelles, et par conséquent réellement réelles ; l'homme intérieur, la foi et l'amour qui ne demande rien et qui est sans désir.[345]

Le Robinson de Tournier, devant l'angoisse du temps historique, tout comme l'était l'homme primitif, ressentira le besoin vital de vivre une expérience unique, une aventure personnelle figurant un renouvellement d'un voyage mythique d'un quelconque héros dans un temps glorieux, primordial, total.

> Pour moi désormais, le *cycle* s'est rétréci au point qu'il se confond avec l'instant. *Le mouvement circulaire* est devenu si rapide qu'il ne se distingue pas de l'immobilité.[346]

L'importance du temps dans le roman de Tournier est constamment soulignée et Robinson dira lui-même que « ce qui a le plus changé dans ma vie, c'est l'écoulement du temps[347] ». En fin du roman, lorsqu'il refuse de partir avec l'équipage de *Whitebird*, il tourne non seulement le dos à la civilisation humaine en s'opposant au risque de « choir dans un monde

---

[344] - Mercia Eliade, *Mythes, rêves et mystères,* Editions Gallimard, 1957, p.1.
[345] - *Eros et Civilisation*, op. cit., p. 111.
[346] - *Ibid.,* p. 219.
[347] - *Vendredi ou les limbes du Pacifique, op. cit.,* p. 218.

d'usure, de poussière et de ruines[348] », mais refuse aussi de délaisser « cet éternel instant, posé en équilibre à la pointe d'un paroxysme de la perfection [349]». Robinson aura trouvé cette « circularité du temps[350] » mythique.

Enfin, Robinson se dira, qu'au fond, tout le problème dans cette île pourrait se traduire en termes de temps » et, comme le souligne Arlette Bouloumié, « la métamorphose de Robinson est avant tout liée à la découverte du temps cyclique des mythes, clé de l'immortalité, puisque c'est la perfection de l'éternité dans l'instant[351] ».

Quant à la jeune Bellachonne, Suzanne entre en complète harmonie avec la nature qui l'a accueillie à bras ouverts. Cette dernière l'a séduite dès la première rencontre. En effet, au contraire des Robinsons qui raisonnent, la jeune fille s'adapte très bien avec cette nature, elle-même, miroitant l'innocence des Premiers Temps avec son charme, offrant à profusion sons, couleurs, parfums et lumière. Une nature qui satisfait tous les sens : l'ouïe, l'odorat, la vue, le toucher, le goût, une nature prodigue, généreuse qui offre franchement et généreusement ses dons et avec dévouement.

En effet, la jeune a rayé le mot monotonie de son agenda car tout ce passe vite sur ce cercle terrestre loin des griffes civilisationnels

> J'avais au milieu de la nuit des heures de veille qui ne me semblaient pas prise sur le sommeil... J'attendais... Par bonheur les moments qui aiguisent l'attente en Europe n'existe pas ici. Pas de crépuscule, pas d'aurore. Nuit et jour se succédaient plus rapidement que par bouton électrique.[352]

---

348 - *Ibid.,* p. 246.
349 - *Ibid.*
350 - *Ibid.,* p. 218.
351 - Mathieu Verette, *Pour une réactualisation du mythe dans Vendredi ou les limbes du Pacifique,* Mémoire présenté comme exigence partielle de la maitrise en études littéraires, Université du Québec à Montréal, juin 2006, p. 24.
352 - *Suzanne et le Pacifique,op. cit.,* p.513.

Avant de parler à propos de cette fluidité et cet écoulement du temps qui prend l'aspect d'un cercle qui n'a ni début ni fin, il faut tout d'abord mettre l'accent sur l'éternel présent qui est « un temps commun à toutes les visions paradisiaques, temps forgé par opposition à l'idée même de temps [353]» ; ce qui rend l'homme la figure archétypale d'une ontique archaïque, un détenant d'une force divine qui lui permet de manipuler à sa guise une telle cosmogonie dont il est le démiurge. Cependant, cet éternel présent permet à l'homme l'immortalité d'une part et donc l'infinitude et d'autre part l'homme, en tant que Créateur de son propre Cosmos, il bénéficie d'une jeunesse éternelle ; ce qui constitue la source d'un bonheur suprême, d'un bonheur paradisiaque. Ensuite, la récurrence de l'aspect circulaire du temps « heureuse d'avoir roulé de mes yeux cette boule à la maturité[354] », en l'occurrence, « l'éternel retour [355]».

En effet, la forme traditionnelle de la raison, selon Nietzsche, se trouve rejetée sur la base de « l'être-comme-fin-en-soi [356]», c'est-à-dire de l'être plaisir (*Lust*) et joie[357]. La lutte contre le temps avait constitué un éternel dilemme qui faisait frissonner l'être humain ; un temps non-maîtrisé et incompris. La faillibilité de l'homme réside dans la finitude du temps.

Toutefois, l'homme, depuis la nuit des temps, est en combat continu entre le devenir et l'être :

> La lutte se révèle dans l'antagonisme entre le devenir et l'être, entre la courbe montante et le cercle fermé, entre le progrès et l'éternel retour, entre la transcendance et le repos dans la satisfaction. C'est la lutte entre la logique de

---

[353] - E. M. Cioran, *Histoire et utopie*, Gallimard, 1960, p. 125.
[354] - *Idid.*, p. 528.
[355] - expression employée par Nietzsche dans *Eros et Civilisation,op. cit.*, p. 112 et qui signifie « l'affirmation totale des instincts de vie, affirmation qui rejette toute fuite et toute négation. L'éternel retour c'est la volonté et la vision d'une attitude *érotique* envers l'être pour lequel la nécessité et la satisfaction coïncident ».
[356] - *Ibid.*, p.111.
[357] - *Ibid.*

la domination et la volonté de satisfaction.[358]

Cependant, selon Nietzche, la tyrannie du devenir doit être brisée pour que l'homme devienne lui-même dans un monde qui soit vraiment le sien.

En effet, l'être ne devient lui-même que lorsque la transcendance a été vaincue. Lorsque l'éternité est devenue présente ici-bas. La conception de Nietzsche s'achève par la vision de ce cercle fermé non pas par le progrès mais par l'éternel retour où « tout recommence à son début à chaque instant [359] ».

> Tout va, tout revient, la roue de l'existence tourne éternellement. Tout meurt, tout refleurit, le cycle de l'existence se poursuit éternellement. Tout se brise, tout est à nouveau rassemblé ; éternellement se bâtit le même édifice de l'être. Tout se sépare, tout se salue de nouveau ; l'anneau de l'existence demeure éternellement fidèle à lui-même. A chaque instant commence l'existence ; autour de chaque « ici » gravite la sphère « là-bas ». Le centre est partout. Tortueux est le sentier de l'éternité.[360]

Nietzsche revendique l'éternité sur cette belle terre, comme l'éternel retour de ses enfants, du lis et de la rose, du soleil sur les montagnes et sur les lacs, de l'amoureux et de sa bien-aimée, de la crainte pour leur vie, de la douleur et du bonheur. Une simple répétition mais comme re-création souhaitée et désirée. En effet, « la joie exige l'éternité [361] ».

---

[358]- Les deux conceptions du temps évoquées ici se trouvent étudiées par Mircea Eliade dans son livre *Le mythe de l'éternel retour, archétypes et répétitions,* Gallimard, Paris, 1949. Il oppose la notion *cyclique* et la notion *linéaire* du temps ; la première étant caractéristique des civilisations *traditionnelles* (surtout primitives), la seconde de *l'homme moderne.Eros et Civilisation, op. cit.,* p. 113.

[359] - Mircea Eliade, *Le mythe de l'éternel retour : Archétypes et répétitions,* Editions Gallimard, 1969, p. 107.

[360]- Nietzsche, *Le Convalescent,* p. 201, cité dans *Eros et Civilisation, op. cit.,* p. 112.

[361] - *Eros et civilisation, op. cit.,* p. 113.

Chapitre 4 :

L'imagination

1. La rétrospection et la régression

> L'imagination joue un rôle extrêmement important dans la structure mentale : il lie les couches les plus profondes de l'inconscient aux produits supérieurs de la conscience (à l'art), le rêve à la réalité ; il garde les archétypes de l'espèce, les idées éternelles mais refoulées de la mémoire individuelle et collective, les images taboues de la liberté.[362]

La solitude s'avère un concept étranger à Robinson en tant qu'homme civilisé. Lorsqu'il se retrouve rescapé sur la plage d'une île déserte après le naufrage de la *Virginie*, sa première pensée ainsi que sa première activité dans l'île sont destinées à autrui : « [...] Il convenait de se mettre à la recherche des éventuels rescapés du naufrage et des habitants de cette terre [...] [363] ». Malgré ses vains efforts qui lui font reconnaitre et mesurer sa solitude, celle-ci reste tout aussi incompréhensible à son esprit : Robinson se crée donc deux sociétés de compagnons, les Défunts et les Virtuels, ses compagnons morts de la *Virginie* (et plus tard, le fantôme de sa sœur) et ses éventuels sauveteurs, qui occupent tous « une place de choix dans sa vie [364] ». Il transite ainsi entre signaler sa présence dans l'île ainsi que sa négligence à tenir le compte des jours qui constituent autant une répudiation de son présent au profit du passé que la preuve de la défaillance de sa raison sous les effets néfastes de la solitude « Contre l'illusion d'optique, le mirage, l'hallucination, le rêve éveillé, le fantasme, le délire, le trouble de l'audition... Le rempart le plus sûr, c'est notre frère, notre voisin, notre ami ou notre ennemi, mais quelqu'un, grands dieux, quelqu'un ! [365] »

La peur de perdre la raison incite Robinson à entreprendre une activité qui, dans cette voie rétrospective, ne pourrait être autre chose que la

---

[362] - *Eros et Civilisation,op. cit.*, p. 54.
[363]- *Vendredi ou les limbes du Pacifique,op. cit.*, p. 16.
[364]- *Ibid.*, p. 28.
[365]- *Ibid.*, p. 55.

construction d'un bateau, *l'Evasion,* qui lui permettra de remonter son passé vers la communauté humaine. On remarque ainsi que Robinson perçoit le travail comme un antidote à l'angoisse et à la défaillance ; en effet, l'anticipation de son retour parmi ses frères est tout ce qui le rattache à la vie : « En vérité, une sourde angoisse le retenait, la peur d'un échec, d'un coup inattendu qui réduit à néant les chances de réussite de l'entreprise sur laquelle il jouait sa vie [366]». Le nom du bateau symbolise donc une fuite physique et morale de l'île, du présent, vers la communauté humaine, le passé. Il est donc significatif que cette entreprise soit inspirée par le passé, par l'archétype mythique de l'Arche de Noé, et que Robinson trouve dans cet épisode raconté dans la Bible « une allusion évidente au navire de salut qui allait lui sortir des mains [367]». Pourtant, la construction du bateau se révèle une folle entreprise : les efforts inlassables qu'elle exige font que Robinson vit dans « une sorte de torpeur de somnambule, au-delà de la fatigue et de l'impatience [368]», où il ne se soucie plus de se nourrir ni de s'abriter. Son corps devient couvert de croutes de terre et de crasse, et ses cheveux, « collés en plaque luisantes » qui ressemblent aux poils d'un phoque d'or [369]», témoignent de la régression physique qui accompagne sa rétrospection. Cette remontée physique et spirituelle du temps, qui est une sorte de myopie, un aveuglement face au présent, condamne son entreprise à l'échec : Robinson est obnubilée à la fois par le rétrécissement de son champ d'intérêt, son champ de vision, dans l'absence d'Autrui, cette « structure qui rend la perception possible[370] » et par l'exemple de l'Arche biblique de Noé qui a attendu que l'eau monte jusqu'à elle. Ainsi, il *perd de vue* la question de la mise à flot du bateau.

L'épisode de la construction de *l'Evasion* est résumé dans la première

---

[366]- *Ibid.,* p.35.
[367]- *Ibid.,* p. 27.
[368]- *Ibid.,* p. 29.
[369]- *Ibid.*
[370]- Deleuze, « Michel Tournier et le monde sans Autrui », *op. cit.,* p. 267.

carte Tarot retournée par Robinson et lue par le capitaine Van Deyssel :

> C'est le démiurge, commenta-t-il. L'un des trois arcanes
> majeurs fondamentaux. Il figure un bateleur debout devant
> un établi couvert d'objets hétéroclites. [...] Il lutte contre
> un univers en désordre qu'il s'efforce de maitriser avec des
> moyens de fortune. Il semble y parvenir, mais n'oublions
> pas que ce démiurge est aussi bateleur : son œuvre est
> illusion, son ordre illusoire. Malheureusement il l'ignore.
> Le scepticisme n'est pas son fort.[371]

Le Tarot suggère que, par-delà cette voie rétrospective, l'île administrée sera aussi une piste illusoire.

C'est durant la construction de l'*Evasion* que Tenn, le chien de la *Virginie*, réapparaît pour la première fois depuis le naufrage. Sa réaction hostile face à Robinson témoigne de la régression spirituelle et physique de son maitre : c'est justement parce qu'il appartient à l'« une des races de chien qui manifestent un besoin vital, impérieux de la présence humaine, de la voix et de la main humaine [372]» que Tenn s'enfuit devant le spectacle de cet être « bestial ». Ce n'est qu'après avoir retrouvé l'homme civilisé en lui-même que Robinson se rend compte que c'était lui le sauvage naguère et non le chien : « Je m'étais demandé dans mon aveuglement si les terreurs du naufrage suivies d'une longue période de solitude dans une nature hostile ne l'avaient pas ramène à l'état sauvage. Incroyable suffisant ! Le sauvage de nous deux, c'était moi [...] [373]»

Le renoncement à « l'*Evasion* » de l'île assène un coup mortel à ce premier Robinson civilisé ; l'impossibilité de se joindre à la société implique la « déshumanisation » du héros.

> La foule de ses frères, qui l'avait entretenu dans l'humain
> [...] s'était brusquement écartée de lui et il éprouvait qu'il
> n'avait plu la force de tenir seul sur ses jambes. Il

---

[371]- *Vendredi ou les limbes du Pacifique,op. cit.*, p. 8.
[372]- *Ibid.*, p. 32.
[373] - *Ibid.*, p. 64.

mangeait, le nez au sol, des choses innommables. Il faisait sous lui et manquait rarement de se rouler dans la molle tiédeur de ses propres déjections.[374]

Cette régression Physique mène à un enfouissement, mort symbolique, dans la souille : « Chaque […] pas en arrière [est] un pas vers la souille[375] ». C'est le lieu propre à une régression physique et à une rétrospection : « libéré de toutes ses attaches terrestres, il suivait dans une rêverie hébétée des bribes de souvenirs qui, remontant de son passé, dansait au ciel dans l'entrelacs des feuilles immobiles [376]». Le retour aux origines évoquées d'abord par l'Arbre de Connaissance et ensuite par l'exemple de l'Arche de Noé est encore perceptible quand Robinson s'immerge dans la souille : « […] la statue de limon qui s'anime évoque le temps de la genèse, quand le premier homme, fait d'argile, sortait des mains du créateur [377]». La mort symbolique constitue une régression au Chaos[378] ; or la philosophie de la souille, lieu entre la vie et la mort, est une commémoration funeste de l'antan :

> Seul le passé avait une existence et une valeur notable. Le présent ne valait que comme source de souvenirs, fabrique du passé. Il n'importait de vivre que pour augmenter ce précieux capital de passé. Venait enfin la mort : elle n'était que le moment attendu de jouir de cette mine d'or accumulée[379].

2.   L'apologie de l'imaginaire et de la liberté chez Giraudoux

Jean Giraudoux donne libre cours à l'imagination, une imagination « qui détache [l'être] des lourdes stabilités [380]», en faisant de son héroïne une vacancière sans frontières, celle d'un voyage où elle rêve, bien encore

---

[374]- *Vendredi ou les limbes du pacifique, op. cit,* p. 38.
[375]- *Ibid.,* p. 50.
[376]- *Ibid.,* pp. 38-39.
[377]- Arlette Bouloumie, *Michel Tournier, Le Roman mythologique,op. cit.,* p. 17.
[378]- Mircea Eliade, *Mythes, rêves et mystères,op. cit.,* p.300.
[379]- *Vendredi ou les limbes du Pacifique,op. cit.,* p. 39.
[380] - Gaston Bachelard, *La Poétique de la rêverie,* Quadrige/PUF, p.7.

elle fait une rêverie[381], celle de vivre dans une île lointaine tout à fait comme Robinson. Or Suzanne porte en elle une haine pour la civilisation occidentale. Tout en espérant se libérer des griffes de la civilisation, Suzanne est amenée à vivre une vie paradisiaque à l'instar de l'Eve d'avant la Chute. Ce voyage n'est pas un voyage comme les autres ; c'est un voyage "intérieur" qui porte Suzanne à travers de beaux rêves au-delà du monde réel, ardent amer et rigide vers une vie paradisiaque, au sein d'une nature luxuriante, d'une île parfaite, ou encore mieux, dans un paradis terrestre, dans l'Eden.

> La solitude de l'héroïne sur l'île vierge devient le catalyseur de son imagination inébranlable : elle fait donc appel à un univers quasi arachnéen, léger « détails humiliants » de la réalité pour leur conférer un tant soit peu d'enchantement et de charme. Ainsi elle vainc sa solitude grâce à son imagination débordante[382].

Nous pouvons déduire d'après cette citation que la solitude de Suzanne n'est pas identique à celle des Robinson mais il s'agit d'« une solitude de poète [383]» car « la rêverie cosmique[384] », autrement dit « la rêverie poétique [385]», selon Bachelard, est un phénomène de la solitude, un phénomène qui a sa racine dans l'âme du rêveur. Elle n'a pas besoin d'un désert pour s'établir, pour murir et croitre. Il suffit d'un prétexte – non d'une cause – pour que Suzanne se mette « en situation de solitude [386]», en situation de « solitude de rêveuse [387]». Toutefois, dans cette même solitude, les souvenirs eux-mêmes s'établissent en tableaux. Les décors priment de drames. Les tristes souvenirs prennent du moins la paix de la mélancolie.

---

[381] - « notant d'ailleurs qu'une rêverie, à la différence du rêve, ne se raconte pas. Pour la communiquer, il faut l'écrire, l'écrire avec émotion, avec goût, en la revivant d'autant mieux qu'on la récrit », *ibid.*
[382]- *Jean Giraudoux : Néo-Romantisme ou Nouvelle Modernité,* op. cit., p. 105.
[383] - *La poétique de la rêverie,op. cit.,* p. 13.
[384] - *Ibid.,* p. 12.
[385] - *Ibid.*
[386] - *Ibid.,* p. 13.
[387] - *ibid.*

De plus, la rêverie poétique est une rêverie cosmique, ajoute Bachelard :

> Elle est une ouverture à un monde beau, à des mondes beaux. Elle donne au moi un *non-moi* qui est le *bien du moi* ; *le non-moi mien*. C'est ce *non-moi mien* qui enchante le moi du rêveur et que les poètes savent nous faire partager. C'est ce *non-moi mien* qui [nous] permet de vivre [notre] confiance d'être au monde. En face d'un monde réel, on peut découvrir soi-même l'être du souci. Alors on est jeté dans le monde, livré à l'inhumanité du monde, à la négativité du monde est alors le néant de l'humain[388].

Il s'agit d'un voyage qui reste fidèle à la trame d'une robinsonnade (départ, traversée, modalités de la déposition sur l'île (l'arrivée), vie sur l'île (séjour), salut). Il permet à Suzanne de se libérer du monde réel et de créer un monde nouveau : un monde de paix, un monde de liberté, un monde où l'on rencontre une profusion et une générosité éclatante de la nature avec ses couleurs, ses sons, son cosmos, une vie d'extase éternelle, un monde où elle peut créer, inventer, transformer, modifier, changer tout, à sa façon et selon son goût, un monde où elle est la seule « Créatrice ».

> Un monde se forme dans notre rêverie, un monde qui est notre monde. Et ce monde rêvé nous enseigne des possibilités d'agrandissement de notre être dans cet univers qui est le nôtre. Il y a du futurisme dans tout univers rêvé[389].

Dans le même contexte, Joé Bousquet ajoute :

> Dans un monde qui nait de lui, l'homme peut tout devenir[390].

Dans ce voyage introspectif, Suzanne est telle *anima*[391] qui, d'après

---

[388]- *Ibid.*, p. 12.
[389] - *Ibid.*, p. 8.
[390] - Cité sans référence par Gaston Puel dans un article de la revue : *Le temps et les hommes*, mars 1958, p. 62. in*La poétique de la rêverie, op. cit.*, p. 8.
[391] - *La poétique de la rêverie,op. cit.*, p. 48.

Jung est « l'archétype de la vie[392] » ; archétype de la vie qui d'après Bachelard est immobile, stable, unie, bien accordée aux rythmes fondamentaux d'une existence sans drames. Qui songe à la vie, à la simple vie sans chercher un savoir[393]. Elle part d'un monde monotone et uni, celui de Bellac où « [elle] étai[t] heureuse »[394] et où la nature verdoyante avec « ruisseaux…collines, avec des champs et des châtaignerais comme des rapiéçages »[395], un monde où les vertus et les mouvements de l'univers paraissent inoffensifs, s'ajustant à chacun des quatre éléments ensommeillés et doucement en jeu[396]. Son départ fut confortablement, sans hâte, sans rupture, sans heurt, sans fatigue, comme une récompense, une rémunération.

> Le 1er chapitre du roman nous présente une description bucolique de Bellac. Par *la magie de la littérature*, la petite ville de province se métamorphose comme par enchantement en « lointain Eden » (*Suzanne et le Pacifique,* p. 489).[397]

Ce qui fait dire à Jacques Body qu'elle prend, dans la mythologie personnelle de l'écrivain, figure de « capitale légendaire et centre de cercles concentriques qui s'élargissent aux dimensions de la province de la France, de la planète, du cosmos [398]».

Le but de ce voyage est absolument différent de celui des Robinson, la transplantation miroitante d'une civilisation occidentale. Le but véritable de Suzanne est celui de la quête d'elle-même, de la création d'une vie échappant aux contraintes du monde en favorisant les exigences d'un rêve en se servant « d'une imagination productrice et créatrice, initiatrice d'une

---

[392] - Carl Gustav Jung, *Métamorphoses de l'âme et ses symboles,* trad. Le Lay, Genève, Georg, 1953, p. 72, dans *La poétique de la rêverie, op. cit.,* p. 80.
[393] - *Ibid.,* p. 80.
[394] - *Suzanne et le Pacifique, Ibid.,* p. 465.
[395] - *Ibid.,* p. 465-466.
[396] - *Le Monde,* 8 Octobre 1982, p. 467.
[397]- *Jean Giraudoux : Néo-Romantisme ou Nouvelle Modernité,* op. cit., p. 128.
[398] - Cité dans *Jean Giraudoux : la légende et le secret,* p. 39 et repris dans *Jean Giraudoux : Néo-Romantisme ou Nouvelle Modernité,* op. cit., p. 128.

neuve réalité[399] » entièrement différente de la première, autrement dit, Suzanne est à la quête de *l'apparence de la première apparence de l'humanité*. De même, il s'agit d'une « Imagination artistique[400] [qui] donne une forme au « souvenir inconscient » de la libération qui a échoué, de la promesse qui a été trahie [401]». Dans son rêve, Suzanne vit comme une insulaire sur une île vierge, entourée d'un Pacifique titanesque, loin de l'humanité. Tout cela crée chez Suzanne un sentiment de solitude. Cette solitude apporte une connaissance, une révélation et cette connaissance se résout en amour de l'humanité. Cependant, il ne suffit pas toujours à combler les aspirations et doit être dépassé par l'imagination qui est la plus grande ouverture de l'esprit, et, qui, seule donne complète satisfaction.

> Suzanne […] vit séparée de l'humanité dans son île du Pacifique : elle sait tout transformer, tout réinvestir par le coup de cette baguette qu'est son imagination.[402]

L'imagination permet à l'homme de fuir un monde plein de conflits, de douleurs, de peines et de frustrations et d'accéder à « la liberté d'être ce qu'il doit être »[403] ; elle rend la réalité flexible, malléable que l'on peut façonner selon nos goûts et nos désirs par le biais d'un « rêve éveillé »[404], bien encore d'un « paysage du souhait [405]» ou « l'image-souhait [406]», termes choisis par Ernst Bloch pour rapprocher les sources et les acteurs de la révolte d'une finalité en partie déterminée. Il ajoute que le souhait renvoie ici au *rêve*

---

[399]- *Gusdorf*, p. 334. dans *Jean Giraudoux : la légende et le secret*, p. 39 et repris dans *Jean Giraudoux : Néo-Romantisme ou Nouvelle Modernité*, op. cit., p. 99.
[400]- « Cette imagination artistique que Baudelaire appelait dans son salon de 1859 « la reine des facultés » ou encore « le gouvernement de l'imagination », *Ibid*.
[401]- *Jean Giraudoux : Néo-Romantisme ou Nouvelle Modernité,op. cit.*, p. 80.
[402] - Lise Gauvin, « Suzanne et le Pacifique : un roman utopique moderne » in *Jean Giraudoux et la problématique des genres*, Cahier Jean Giraudoux N° 20, édition Grasset, Paris, 1991, pp. 177-184, p. 168.
[403] - Schiller, *Lettres sur l'éducation*, p. 263.
[404] - « … l'imagination peut être comparée au rêve d'Adam ; il se réveilla, et le trouva vrai », Gusdorf, *op. cit*, p. 328.
[405]- *L'utopie ou la mémoire du futur : De Thomas More a Lénine, le rêve éternel d'une autre société, op. cit.*, p. 51.
[406]- *Ibid*.

éveillé – « celui qui rêve ne reste jamais sur place [407]» – mais soutenu et orienté par « la conscience participante », celle qui « agit en nous et nous met en mouvement[408] » et cela est le cas de la Robinson giralducienne. Ce rêve constitue l'instrument efficace de « parler le langage du principe de plaisir, de la liberté à l'égard de la répression du désir et de la satisfaction non-inhibée »[409].

Il s'agit de faire coïncider un réel amer et un monde autre, heureux, joyeux :

> Toutes les énigmes sont résolues ; par la magie de son imagination, il peut faire coïncider tous les siècles et tous les mondes ; les miracles disparaissent et tout devient miracle.[410]

Pour que l'homme atteigne ce qu'il désire, il lui suffit seulement d'un clignement des paupières et il commence à rêver tout à fait comme le conseil donné à l'enfant dans *Provinciales*, « Ferme les yeux, tout ce que tu vois t'appartient » (p. 57), et comme la strophe qui conclut le chapitre 7 de *Suzanne et le Pacifique* et qui est une suite du conseil.

> Qu'as-tu vu dans ton exil ?
> Disait à Spencer sa femme ;
> A Rome, à vienne à Pergame,
> A Calcuta ? Rien !... ne fit il
> Veux – tu découvrir le monde
> Ferme tes yeux, Rosemonde.

L'imagination, purement romantique, et qui traduit ce que Marcuse appelle « la vérité du Grand Refus [411]», transforme le désir de possession

---

[407]- Ernest Bloch, *Le Principe Esperance* (1938-1947, revu en 1953 et 1959), Paris, Gallimard, 1991, p. 37. dans*L'utopie ou la mémoire du futur : De Thomas More a Lénine, le rêve éternel d'une autre société*, op. cit., p. 51
[408]- *Le Principe Esperance,op. cit.,* p. 61.
[409] - *Eros et civilisation*, p. 129- 130.
[410] - Novalis, *Henri d'Ofterdinger*, 2ème partie, Traduction Camus, éditions Aubier, Paris, 1946, p. 395.
[411]- *Eros et civilisation,* op. cit., p. 143

propre en un Robinson en désir de transformation plus conforme aux valeurs giralduciennes. L'insulaire trouve dans le rêve le pouvoir de réaliser ses désirs[412].

En somme, l'imagination porte l'être humain au-delà du monde réel et de ses conflits car « l'imagination envisage la réconciliation de l'individu avec le tout, du désir avec sa réalisation, du bonheur avec la raison [413]». Grâce à de beaux rêves, le poète est capable de concevoir un monde de paix, un monde de liberté, un monde qui lui est propre, un monde d'extase et de bonheur éternels. Bref, elle rend le monde un rêve et le rêve un monde et donc une vie.

De surcroît, le monde imaginaire, de Suzanne giralducienne est l'image fidèle du *märchen*[414] puisque l'impossible devient possible et dont tous les éléments du Cosmos s'entendent loin de tout qui peut ébranler et perturber la sérénité, le calme et le charme de ce monde aliéné des Temps perdus, un monde qui appartient à l'imagination, à l'âme et au cœur.

Toutefois, l'héroïne giralducienne, grâce à son imagination féconde, avait pu créer son propre monde, un monde fabuleux miroir de sa personne. Ce qui avait fait d'elle une femme-poète selon le canon du *märchen* puisque dans ce dernier le poète ne mériterait ce titre que s'il était en adoration avec le hasard et c'est le cas de Suzanne.

> Le *märchen* est en quelque sorte le canon de la poésie. Tout ce qui est poétique doit être fabuleux à la manière du *märchen* ; le poète est en adoration avec le hasard.[415]

---

[412] - Giraudoux, *Théâtre complet*, Bibl. de la Pléiade, p. 1531.
[413] - *Eros et civilisation, Ibid.*, p. 128
[414] - « Le *märchen* est une image de rêve ou l'impossible devient possible (…) le rêve d'une époque qui fut notre patrie de toujours, de nulle part (…) pas de raison, pas d'entendement pour les joindre. Il appartient à l'imagination (Novalis) ou au cœur (Tieck) de devenir la plu secrète. », Jacques Body, *Giraudoux et l'Allemagne*, p. 143, cité in *Jean Giraudoux : Néo-Romantisme ou Nouvelle Modernité,op. cit.*, p. 58.
[415] - Novalis, *Fragments,* Paris, Aubier, T.III, fragment 6 cité in *Jean Giraudoux : Néo-Romantisme ou Nouvelle Modernité, op. cit.*, p. 55.

Donc, c'est bien l'imaginaire qui permet à l'individu d'accéder à la liberté souveraine du poète dont les yeux se dessillent au contact de la vérité poétique.

Chapitre 5 :

La fusion avec les éléments de la nature

1.   Suzanne, miroir d'une nature paradisiaque

La jeune Bellachonne, Suzanne, voudrait vainement échapper à cet ordonnancement et quantification organiques, à ces mouvements réduits à la taille humaine manipulée par des lois civilisationnelles, à ce mesurage à la fois mesuré et mesurant caractérisant la province française. C'est bien à Bellac que Toulet « horloger des âmes » réussit à réparer les « cadrans solaires » ; et c'est grâce à lui que le protagoniste « ne commet plus de pléonasmes, de solécisme [...], n'obéit plus à de faux syllogisme [416]».

En effet, *Suzanne et le Pacifique*, roman de Jean Giraudoux, raconte l'aventure d'une jeune française de Bellac, âgée de dix-huit ans. Hypnotisée par le désir de découvrir le monde et de conquérir la liberté, Suzanne part - malgré l'avis défavorable de son tuteur - à bord d'un bateau pour l'Australie, grâce à un voyage autour du monde, offert par le Sydney Daily. Durant cette excursion maritime, le bateau chavire : tout l'équipage périt, sauf Suzanne. Cette dernière se retrouve seule, isolée, sur la côte d'une île vierge, inhabitée. Cette île est située dans le Pacifique en Polynésie :

> Je ne suis pas morte, mais polynésienne[417].

Pour façonner sa solitude, Suzanne, la Polynésienne, commence à découvrir la beauté séduisante de son île (île des oiseaux) où elle est devenue la reine, apte à nommer les choses, à inventer une nouvelle langue, une langue naturelle afin de mieux comprendre son entourage de volière. Cette langue est pour Suzanne source de bonheur et de joie.

Ensorcelée par le charme miraculeux de cette nature paradisiaque, Suzanne est entrée en fusion avec l'île qui est devenue comme un miroir qui

---

[416]- *Suzanne et le Pacifique, op. cit.,* p. 489.
[417] - Jean Giraudoux, *Suzanne et le Pacifique*, in *Œuvres Romanesques Complètes* I, éditions Gallimard, N.R.F, coll. « Pléiade », Paris, 1990, p. 578.

reflète son âme :

> Ici devant cette île qui est devenue de mon âme un miroir
> que je confonds avec elle, devant ces dalaganpalangs, qui
> ressemblent à une volonté que j'ai, cette colline Bahiki à
> évidés rouge et noir qui contrefait juste une petite peine
> que je ressens, ces oiseaux gnanlé qui imitent à s'y
> méprendre la poussière de pensée qui vole autour de mes
> pensées, moi la reine... [418]

Entourée d'une beauté paradisiaque, Suzanne vit comme une « reine »
au sein d'une nature « pure », une nature de « luxe » qui lui offre tout et qui
lui satisfait tous ses sens et ses besoins. Elle se comporte avec la nature tel
un confident, un ami, un être humain ; elle essaie de trouver des explications
au moindre comportement de la nature : pour le coup de bec d'un oiseau
anonyme, par exemple, qui gêne chaque matin Suzanne pour la réveiller en
laissant son front couler de sang, elle fait correspondre ce geste à l'appel de
mademoiselle.

> Puis un coup à ma tête, un oiseau à gros bec s'enfouit après
> m'avoir blessé, le sang coulait de mon front... Ce qui
> correspondait ici à l'appel de mademoiselle[419].

Elle est « douce » avec chaque espèce et « méfiante et souple » avec
d'autres. « Parfois une mucunaBenettiti me heurtait, ou se posait sur moi,
c'est qu'elle confondait peau et écorce ; je sentais que certains eussent aimés
vivre sur moi »[420]. Mais quand Suzanne fâcherait des volières, ces dernières
se sentiraient vexées ou effrayées. Elles la laisseraient seule et partiraient
pour d'autres îles.

> Le jour où je les aurais vexés ou effrayés à mon insu, sans
> me laisser justifier partiraient pour d'autres îles,
> abandonnant leur œufs[421].

---

[418] - *Ibid.*, p. 580.
[419] - *Ibid.*, p. 507.
[420] - *Ibid.*, p. 515.
[421] - *Ibid.*, p. 517.

Elle arrive même à violer leur liberté non pas pour les manger ou les apprivoiser mais pour les garder avec elle comme compagnon, quand l'île sera vierge d'oiseaux.

> J'en avais mis deux en cage pour qu'il me restât du moins,
> s'ils partaient tous, deux compagnons vivants.

Elle est même contre tout comportement qui harcèle la nature, qui fait peur aux oiseaux soit en les massacrant par fusils ou mousquets soit en plantant des épouvantails pour créer chez eux de la crainte et de la peur. Ou même tout autre comportement qui rend les arbres comme des esclaves, qui sert juste à abattre ces derniers.

> Mais, pour me donner des oiseaux peureux, des arbres
> esclaves, il eût fallu dix ans au moins de feu ou de
> massacre[422].

Suzanne ne comprend pas pourquoi l'homme adopte ce comportement néfaste contre la nature puisque « toutes ces racines qui étaient de la réglisse, toute ces herbes folles qui étaient de la vanille, ces troncs qui étaient du lait, ces pierres qui étaient des perles »[423] auraient pu le satisfaire et pleinement.

Pourquoi massacrer ce « Paradis », « ces paradisiers familiers comme au paradis même »[424]. Ce paradis où « les palmiers naïfs sur lequel seul un crabe montait et redescendait, selon le soleil, comme un poids de pendule (où) les larges feuilles piquantes, dans lesquelles (Suzanne) étendai(t) (s)on bras jamais ne se refermaient sur lui et pas une fleur qui essayât de mordre ou de retenir même (son) petit doigt… Ces perroquets qui faisaient un succès à (ses) moindres mots, ces échos, ces paradisiers familiers comme au paradis même, ces gouras qui demeuraient paisibles sur leur branches même quand (elle) criai(t), ou daignait tout au plus se soulever, par politesse de la hauteur

---

[422] - *Ibid*., p. 523.
[423] - *Ibid*.
[424] - *Ibid*., p. 522.

dont en soulève un chapeau »[425].

Ce respect pousse Suzanne à vouvoyer la nature en s'adressant à l'un de ses composants :

Je disais vous aux oiseaux[426].

Et si elle arrive à tuer ou à menacer quelques créatures, c'est pour se protéger et protéger sa nature contre les dangers « Par bonheur aussi, l'île eut à cette époque besoin de moi »[427].

> Mais du plus grand, je vis une liane se détacher, nager, accoster, s'enrouler autour d'un arbuste : Un boa. Je le tuai le soir même, dans son sommeil, mais non sans qu'il eût mangé deux gouras… [428]

> … Je crus apercevoir une bête à pelage, ocelot ou couguar que j'empêchai de se jeter vers moi en le menaçant tout le long de la grève d'une branche allumée…[429]

Alors que les Robinson, surtout ceux de Verne et dans un moment celui de Tournier, détestent « les naturels » et les comparent à des cannibales qui s'entre-dévorent, Suzanne apprécie le personnage de Vendredi, le bon sauvage tout comme le Robinson tourniérien après son *inversion bénigne*. Et elle est prête à accueillir un sauvage sur son île : « j'attends… une pirogue… L'âge de fer… La jeunesse du monde… un lit d'herbes… les crânes vides en sonnettes », tout en redoutant d'être victime des coutumes des archipels voisins, de l'île Meyer, où on les mange farcies (les blanches), et du Nord, de Samoa Bay où les Papous coupent les têtes.

En somme, Giraudoux donne une vision positive de la nature qui incarne la vie, stimule la rêverie et favorise l'évasion. Il s'agit d'un vrai paradis d'où les saisons sont bannies car elles rappellent la cadence

---

[425] - *Ibid.*
[426] - *Ibid.*, p. 526.
[427] - *Ibid.*, p. 523.
[428] - *Ibid.*, p. 524.
[429] - *Ibid.*

temporelle du travail de l'homme alors que Suzanne, dans son île, n'a nul besoin de peiner pour subvenir à ses besoins.

Suzanne et le Pacifique – nous l'avons déjà mentionné – est jalonnée de couleurs ; l'écrivain accorde à chaque élément naturel sa couleur qui l'identifie. Les couleurs absorbent la solitude et la tristesse comme un buvard. Les couleurs que Giraudoux a employées sont de plus en plus vives : A titre d'exemple, citons les couleurs suivantes, chatoyantes : rouge – vert – violet – pourpre – vermillon – jaune – orange, doré, bleu, mais le noir et le blanc existent également.

Par ces couleurs, Giraudoux peint un tableau extraordinaire d'une nature magique, merveilleuse qui ne se trouve que dans les rêves, une nature pure et innocente, attrayante et séduisante, des couleurs qui emportent l'esprit du lecteur dans un vrai paradis.

Il s'avère nécessaire de dire que dans l'œuvre de Jean Giraudoux, l'île et le paradis se confondent vu la spontanéité de la nature, le bonheur, la singularité, la démesure et surtout l'abondance qui y règnent. Cette île heureuse fait de Suzanne une sorte d'« Alice au pays des merveilles[430] ». En effet, Giraudoux recourt, comme nous l'avons déjà dit, à l'imagination créatrice et productive afin de refaire tout un monde en le libérant des affres de la modernité qui le font suffoquer. De même, pour utiliser de ses pouvoirs d'enchantement afin de conférer à son univers un aspect paradisiaque et une empreinte d'inébranlable bonheur éternel.

Toutefois, par le biais de l'écriture, Giraudoux veut recréer un univers d'un bonheur révolu, un bonheur des Temps Perdus qui, selon Marcuse, devient le moteur et le moyen de la libération future et seule l'orientation vers le passé permet d'y accéder. .

L'orientation vers le passé tend à devenir une orientation

---

[430]- *Ibid.*, p. 535.

vers le futur. La recherche du temps perdu devient le
véhicule de la libération future.[431]

En effet, cette re-création du monde chez Jean Giraudoux se base sur le
bonheur d'écrire, le jeu de la nomination, de la mise en forme esthétique, du
jeu par le biais des mots pour obtenir une sorte de musique où s'édifie,
s'épanouit la liberté.

Dans le même contexte, Suzanne de Giraudoux est l'image d'Orphée et
de Narcisse[432]. Cependant, Suzanne, tel Orphée, a pour mission de libérer le
monde par le biais de la poésie, en l'occurrence, le chant. Ce dernier visant
la réunification de l'homme avec la nature, et par conséquence avec le
Cosmos. De libérer l'homme de cette aliénation destructrice qui fait de lui
un instrument de labeur ou plus encore comme Herbert Marcuse l'appelle le
principiumindividuationis[433], autrement l'homme devient de plus en plus
déshumanisé. Toutefois, l'héroïne giralducienne est là pour refaire cette
humanité dénaturée et donc son but ultime est la diminution des traces de
péché originel ainsi que la révolte contre une vie fondée sur le labeur. Nous
pouvons dire donc que la Suzanne giralducienne est l'archétype du poète en
tant que libérateur et créateur ; elle établit un ordre sans répression. Dans sa
personne, l'art, la liberté, et la culture sont associés pour toujours. Elle est
par cela « poète de la rédemption [434]» ; la rédemption du plaisir et de l'arrêt
du temps, la déesse qui apporte la paix et le salut en pacifiant l'homme et la
nature, non pas par la force mais par le chant. Elle est tel Narcisse dans le
sommeil, le repos, le silence, la nuit, l'ivresse, la contemplation... le paradis :
c'est le *Nirvana* envisagé comme la vie et non la mort comme le fit

---

[431]- *Eros et civilisation, op. cit.* p. 29.
[432] - « En effet, la jeune héroïne récuse totalement le labeur, exalte la paresse et le jeu. A l'image
d'Orphée, elle chante le monde. Comme Narcisse, elle se farde, se maquille aux couleurs de l'île,
se parfume de ses senteurs riches et variées, se mire dans les fleuves et les cours d'eau ; elle s'unit
à la nature dans une harmonie parfaite. », *Jean Giraudoux : Néo-Romantisme ou Nouvelle
Modernité,op. cit.*, p. 132.
[433]- *Ibid.,* p. 128.
[434]- *Ibid.,* p. 151.

Baudelaire dans son *invitation au voyage*.

> La vie de Narcisse est celle de la beauté et son existence
> est celle de la contemplation.[435]

Suzanne vit dans un monde fictif où le langage est chant et musique et le labeur est jeu.

Tout comme la Suzanne qui est en parfaite fusion avec la nature que miroite sa personnalité, Robinson, dans la version de Tournier, est le dernier né des quatre éléments bachelardiens à savoir : l'eau, la terre, l'air et le feu.

2. Robinson, né-du Cosmos

Le roman, *Vendredi ou les limbes du Pacifique* de Michel Tournier, paru en 1967, dans son pastiche des aventures de *Robinson Crusoé* de Daniel Defoe, met en scène sur une île déserte un naufragé isolé de ses semblables qui, au travers de l'expérience d'une série de rites de passage, d'épreuves initiatiques étalées sur presque trois décennies, s'affranchit de ses origines pour trouver – ou retrouver – sa véritable identité. En effet, plusieurs étapes dans la métamorphose de Robinson surviendront dans l'élaboration de cet homme nouveau.

Dans un premier temps, il est possible de parler de *la période aquatique* de Robinson. La rupture initiale du héros avec le monde ancien et avec ses semblables s'effectue par son naufrage. Robinson réalise alors une première renaissance : la mer le rejette sur des rivages désertés et lui évite une mort certaine. Prenant, au début du roman un caractère féminin, l'île, qui constitue une des instances les plus influentes au sein du récit, imposera les rituels de la solitude et de l'abstinence. C'est dans cette première période que surviendra *l'épisode de la souille* qui est une régression vers le sein maternel qui permet au naufragé de Tournier de réaliser un retour aux origines chaotiques du monde et de revivre métaphoriquement la création de l'être

---

[435]- *Ibid.*, p. 152.

originel de la Genèse.

Vient ensuite *la période tellurique* où commence la deuxième initiation, correspondant à la descente dans la grotte, assimilable à la descente dans le ventre de la mère. Ayant dépassé les principes de son ancienne religion le séparant de la nature, Robinson devra détruire les entraves racistes qui le distancient de Vendredi qui devient le maitre-salvateur de ses racines terriennes. Le troisième épisode correspond à la *période éolienne* de Robinson et la métaphore de la *chrysalide devenue papillon*[436] marquera définitivement sa conversion à l'élément de l'air.

Finalement, c'est l'épreuve du feu, le quatrième et dernier élément, qui permet l'épilogue de la purification et de l'immortalité du protagoniste.

Robinson atteindra enfin la sagesse suprême mais à quatre reprises, en relation directe avec les quatre éléments naturels, il côtoiera une mort réelle ou symbolique pour ensuite connaitre la renaissance de l'initié.

Que ce soit Robinson ou Suzanne, cette relation intime voire même narcissique avec les éléments de la nature montre l'attachement fort et profond de l'Homme à cette nature innocente et paradisiaque qui insuffle en lui la vocation de poète. Toutefois, devant cette majestueuse et divine nature, la Suzanne giralducienne va entamer une quête de cette vocation de poète en elle puisqu'elle est devenue elle-même miroir d'une nature paradisiaque. Réussira-t-elle à réaliser son rêve et à transmuer une réalité prosaïque en une autre poétique et artistique ?

---

[436] - Mathieu Verette, *Pour une réactualisation du mythe dans Vendredi ou les limbes du Pacifique*, Mémoire présenté comme exigence partielle de la maitrise en études littéraires, Université du Québec à Montréal, juin 2006, p. 51.

Conclusion

Au demeurant, nous sommes ainsi devant deux genres littéraires radicalement opposés ; ils donnent des visions controversées de la manière de vivre et du comment prouver son existence : la robinsonnade et l'antirobinsonnade. Toutefois, ces dernières ne pourront être autre chose que des utopies vu leurs caractéristiques communes. D'abord, l'isolement géographique d'où des idées de fermeture, de protection et de microcosme. Ensuite, s'ajoutent les notions d'intemporalité ou du caractère a-historique car l'utopie est située hors du temps ; ce qui présente d'autres formes d'éloignement, à savoir la volonté autarcique ou l'autonomie économique, la planification urbaine, la réglementation contraignante, celle d'un collectivisme homogénéisateur, définissant un monde totalitaire. Enfin, nous pouvons parler de l'éducation qui encourage la propagation de ladite culture. De ces caractéristiques, nous en avons remarqué une qui pourrait identifier la robinsonnade à l'utopie, c'est celle de l'idée de la quête de la révolte et du changement, celle de transformer tout un monde et qui fait de la robinsonnade et de l'utopie des genres inséparables.

En outre, lors de nos recherches, nous avons constaté que les robinsonnades et les antirobinsonnades que nous avons analysées se divisent en trois groupes d'utopie à savoir l'utopie saint-simonienne à laquelle s'apparente *Robinson Crusoé* de Defoe et *L'île mystérieuse* de Jules Verne qui est un mélange des utopies saint-simonienne et fouriériste. D'ailleurs, ces utopies constituent des utopies antagoniques vis-à-vis d'utopies plus récentes, autrement dit *Suzanne et le Pacifique* de Jean Giraudoux et *Vendredi ou les limbes du Pacifique* de Michel Tournier, utopies qui s'inscrivent telles des utopies esthétiques. En un mot, nous sommes face à deux grands groupes d'utopies opposées : des utopies industrialistes en contraste avec des utopies esthétiques.

De surcroît, notre étude comparative nous a amenée à remarquer les divergences suivantes.

Au Robinson laborieux, industrieux et protestant de Defoe et aux Robinson de Vernes, avides d'inventions scientifiques et techniques, Giraudoux oppose une Suzanne qui, tel Narcisse, dans la paresse et la réceptivité d'une nature paradisiaque, passe tout son temps à contempler une nature luxuriante. Tournier, quant à lui, oppose un Robinson dont l'esprit d'accumulation est expliqué au début comme étant la seule protection contre la déchéance. Egalement, face à ce temps bien calculé et proportionnellement réparti que ce soit par les Robinson de Defoe ou par ceux de Verne, Suzanne et Robinson de Tournier baignent dans un éternel présent, un temps paradisiaque, un temps qui leur procure joie et bonheur suprêmes.

Si chez Defoe et Verne l'écriture était perçue comme un vestige de la civilisation, comme une manière de mesurer le temps, de retranscrire les travaux effectués, de lister les denrées récoltés et les objets manufacturés, elle est présentée, dans *Suzanne et le Pacifique*, comme une pure fiction, revêtant un caractère ambivalent de nécessité et d'arbitraire. Pour Tournier, le log-book consigne les réflexions de Robinson. Il est considéré comme un moyen d'affirmation d'une culture face aux éléments. Toutefois, nous n'omettons pas de signaler que l'écriture du journal chez Defoe est un élément qui caractérise la civilisation par une marque de « supériorité », alors que chez Tournier, l'écriture matérialise la conception que la parole crée l'homme, que « la réorganisation du monde intérieur préexiste à la réorganisation du monde extérieur [437]». Le domaine de Suzanne, quant à lui, est avant tout un domaine esthétique, une « île littéraire ». Mais il s'agit d'une littérature à « recréer et à réinventer [438]» car le but ultime de la Suzanne giralducienne est la quête d'une vocation artistique et poétique. A la

---

[437] - Arlette Bouloumié, *Images et signes de Michel Tournier : actes,* Paris, Gallimard, 1991, p. 103.
[438] - Pierre d'Almeida, *L'Image de la littérature dans l'œuvre de Jean Giraudoux, Cahiers Jean Giraudoux,* n °17, Grasset 1988, p. 34.

différence de l'île des Robinson qui est un atelier gigantesque d'exploitation et de transformation, un laboratoire d'examens et d'expériences, l'île de Suzanne n'est ainsi qu'une chanson mélodieuse, qu'un superbe tableau d'ajustement miraculeux et des mots et des choses qui nous emportent vers les Premiers Temps. De plus, pour Robinson de Tournier, l'île est désignée, d'abord sous le nom de l'île de la désolation, ensuite sous celui de Speranza. Ce nom doublement connoté fait référence sur le plan religieux au salut théologal et aux relations potentielles que va entretenir Robinson avec elle. Tandis que, le Robinson defoéen la nomme l'île du désespoir, à cause de tous les déboires qu'il y connaît. Nonobstant, les Robinson de Verne, quant à eux, ont nommé leur domaine l'île Lincoln en l'honneur d'un grand politicien américain qui s'appelle Abraham Lincoln.

Pour sa part, le Robinson de Defoe qui, dans sa relation avec Vendredi, représente la hiérarchie matérialiste dans une entreprise capitaliste où il est le seul et l'unique leader. Tournier, cependant, nous propose de réintégrer le Vendredi soumis symbolisant la hiérarchie organique en tant que Dionysos, ce dieu qui fait éclater les barrières de l'individualisme et fait retrouver les sensations cosmiques. Vendredi, métamorphosé en homme-plante[439], représente l'incarnation de Dionysos, génie de la sève et des jeunes pousses[440]. Robinson tournierien s'identifiera totalement au bouc : « Andoar c'était moi ». Le bouc devient, en fait, une véritable incarnation du dieu Pan, image inversée de Satan. Robinson y voit une possibilité d'assomption et d'intégration au Cosmos, fait qui lui assure la survie. Alors que chez Defoe, le bouc est décrit comme un animal immoral assimilé à Satan de la religion chrétienne, Robinson y voit sa propre mort.

Ainsi, les objets comme la pipe, le papier, l'encre, la plume… sont eux aussi traités de façons différentes dans les deux romans : ils forment souvent

---

[439] - Michel Tournier, *Vendredi ou les limbes du Pacifique*, Editions Gallimard, 1972, p. 163.
[440] - Jean Chevalier et Alain Gheerbarant, *Dictionnaire des symboles*, Paris, Laffont, 1928, p. 357.

des motifs qui s'intègrent à des thèmes. Les objets suggèrent la culture. En effet, si pour Robinson de Defoe, de même que pour ceux de Verne, ces objets constituent la marque d'une civilisation et d'un progrès, pour Robinson de Tournier, ces objets seront les témoins et les marques de l'osmose entre Robinson administrateur, son île et le cosmos.

Cependant, si le Robinson de Defoe représente par excellence la raison qui est développée et prolongée par les Robinson de Verne qui ont fait de leur île un laboratoire scientifique, la Suzanne giralducienne donne libre cours à son imagination pour accéder au surnaturel, au fantasme et à l'onirique.

D'un autre côté, si l'insociabilité du Robinson defoéen est marquée par la relation maître-esclave, dominant-dominé, Suzanne et Robinson de Tournier éprouvent une attirance sans limite pour l'être humain. Dans ce sens, la langue constitue le reflet direct des préoccupations des Robinson. Elle est empruntée tout entière à la sphère économique et mercantile, qui fait d'elle une langue exempte de sensualité et de vie. Celle de Suzanne, en revanche, est une langue d'une nature poétique.

Tandis que la religion des Robinson, surtout celui de Defoe et ceux de Verne, est une religion commerciale fondée sur l'échange de services (le culte du Veau d'Or), celle de Suzanne est sacrée et occulte. Puritain austère, le Robinson de Tournier va faire la démarche inverse et se détacher de plus en plus de ses convictions religieuses pour participer à la vie élémentaire de l'île. Malgré un semblant de calque sur le modèle de Robinson de Defoe, l'échec de Robinson de Tournier n'a pas la même signification. Si la Bible aide Robinson de Daniel Defoe à conserver sa dignité, la référence à l'Ancien testament est pour Robinson de Tournier inadéquation au réel et source d'échec.

Tout comme le séjour de Suzanne qui a fait d'elle une « Alice au pays des merveilles », une Alice qui s'est fondue entièrement dans les majestés

179

d'une nature paradisiaque dans la mesure où la nature et Suzanne sont devenues un seul et unique élément. Cette communion entre Suzanne et la nature octroie à l'œuvre un aspect purement poétique. Le récit tournierien, quant à lui, bifurque et s'inscrit dans l'écriture initiatique : la métamorphose de notre héros est donc initiation aux épreuves de la nature, donc de la création divine, instance que le commun des mortels ne devrait pas souiller par sa soi-disant civilisation.

De ces divergences, nous avons déduit que depuis le XVIIIe siècle, siècle des Lumières, jusqu'au XXe siècle, la robinsonnade/utopie n'a jamais cessé de transmuter en parallélisme avec le progrès de l'histoire humaine. En effet, la robinsonnade/utopie de Jules Verne qui appartient au XIXe siècle constitue un prolongement, un épanouissement de la raison du XVIIIe siècle sur laquelle est fondée toute l'existence de Robinson de Defoe. La version de Verne est un éloge de la science, de l'invention et du progrès technique. Toutefois, nous pouvons dire que ces deux œuvres sont enfermées dans le cercle « domination-rébellion-domination », pour reprendre l'expression d'Herbert Marcuse ; les Robinson, activistes, entament lors de leur séjour un long processus d'exploitation-transformation-colonisation pour se retrouver prisonniers et assujettis à leurs propres besoins.

A l'inverse de ces deux œuvres purement industrielles, nous trouvons celles du XXe siècle qui font l'éloge de l'esthétisation du monde. En effet, le XXe siècle est un siècle dont l'humanité est étouffée par les guerres et les méfaits des mutations technologiques ; l'homme rêve de tranquillité loin des fracas continuels de cette machine qui ne s'arrête plus, assoiffée de gains et de profits… L'homme, à cette époque, est avide de liberté ; il rêve d'un monde utopique qui tente de concilier l'éternel présent et l'histoire, les délices et les merveilles de l'âge d'or et les ambitions prométhéennes, ou pour recourir à la terminologie biblique, de refaire l'Eden avec les moyens de la Chute, en permettant ainsi au nouvel Adam de connaitre les avantages de l'ancien. N'est-ce point-là tenté de réviser la Création ?

Nous pouvons inscrire l'utopie esthétique, à l'encontre de l'utopie industrialiste, dans le cercle « Nature-Culture-Nature » ; nous étions Nature et nous avons perdu cette Nature à cause de la Culture, produit de nous-mêmes, et donc c'est à cette Culture de récupérer notre Nature perdue et c'est la mission de l'utopie esthétique qui vise la réconciliation entre l'homme et l'homme et l'homme et la nature, autrement dit la sensibilité et la rationalité, la re-création du Paradis perdu par le biais de l'imagination créatrice et de la poétisation du monde.

Mais la question qui se pose est la suivante : pouvons-nous parler d'utopies au XXIe siècle ? Si oui, comment pouvons-nous concevoir un monde édénique surtout avec un esprit anéanti par les méfaits de la modernité, un esprit qui est sur le point d'oublier radicalement ce qu'est la nature ?

Bibliographie

- **Corpus (œuvres classées selon la date de parution)**

- DEFOE, Daniel, *Robinson Crusoé (1719)*, Gallimard (Folio classique), Paris 2006.
- VERNE, Jules, *L'île mystérieuse (1874)*, Edition 09 mars 2010
- GIRAUDOUX, Jean, *Suzanne et le Pacifique (1921)*, in *Œuvres Romanesques Complètes* I, éditions Gallimard, N.R.F, coll. « Pléiade », Paris, 1990.
- TOURNIER, Michel, *Vendredi ou les limbes du Pacifique (1967)*, Editions Gallimard, 1972.

- **Ouvrages**

- AINSA, Fernando, *La Reconstruction de l'utopie* éditions, collection, lieu de l'édition, 1997, 24 pages.
- ALMEIDA, d' Pierre, *L'Image de la littérature dans l'œuvre de Jean Giraudoux, Cahiers Jean Giraudoux*, n °17, Grasset, Paris, 1988.
- ANDRIES, Lise, *Les Images et les choses dans Robinson et les Robinsonnades*, Etudes Françaises, vol.35, n.1, 1999.
- BACHELARD, Gaston, *L'Eau et les Rêves, Essai sur l'imagination de la matière,* Paris, Jose Corti, 1942.
- BACHELARD, Gaston, *La Poétique de la rêverie,* Quadrige/PUF. Paris, 2011.
- BESSET, Jean-Paul « Pour en finir avec l'utopie, in

Entropia, »*Décroissance & Utopie*, Lyon : Paragon, n° 4, p. 46-54, printemps 2008.

- BLOCH, Ernest, *Le Principe Espérance* (1938-1947, revu en 1953 et 1959), Paris, Gallimard, 1991.

- BOULOUMIE, Arlette, Michel Tournier, *Le Roman mythologique*, Paris, Jose Corti, 1988.

- BOULOUMIE, Arlette, *Arlette Boulimie commente Vendredi ou les limbes du Pacifique de Michel Tournier*, Paris, Gallimard, collection « Foliothèque », 1991.

- BOULOUMIE, Arlette, *Images et signes de Michel Tournier : actes,* Paris, Gallimard, 1991.

- BRUNET, Etienne, *Le Vocabulaire de Jean Giraudoux, structure et évolution*, Slatkine, 1978.

- CHALLAY, Félicien, La formation du socialisme, de Platon à Lénine, Paris, Alcan, 1937.

- CLAUDEL, P., *Cinq Grandes Odes*, », Les Muses », in *Œuvre poétique*, La Pléiade, 1967.

- COMTE-SPONVILLE, André, *Le Capitalisme est-il moral ?* Editions Albin Michel, Paris, 2004.

- CONNES, G., *Etudes sur la pensée de Wells,* Hachette, Paris, 1926.

- DADOUN, Roger, *L'Utopie, haut lieu d'inconscient*, Paris/ Sens & Tonka, 2000.

- DELEUZE, Gilles, « Cause et raisons des îles désertes », in *L'île déserte et autres textes*, les éditions de Minuit, Paris, 2002.

- DILAS-ROCHERIEUX, Yolène, *L'utopie ou la mémoire du futur : de Thomas More à Lénine, le rêve éternel d'une autre société,* Edition Robert Laffont, S.A., Paris, 2000.

- DOLZEL, Lubomir, *Communication*, Année 1988, Volume 47, Numéro 1.

-EL HIMANI, Abdelghani, *Jean Giraudoux : Néo-Romantisme ou*

Nouvelle Modernité, Collection Thèses & Monographie, Publications de la Faculté des Lettres et des Sciences Humaines Sais-Fès, 2011-2012.

- ELIADE, Mircea, *Mythes, rêves et mystères,* Paris, Editions Gallimard, 1957.

- ELIADE, Mircea, *Le sacré et le profane,* Gallimard, Paris, 1965.

- ELIADE, Mircea, Le mythe de l'éternel retour : Archétypes et répétitions, Editions Gallimard, Paris, 1969.

- ENGELIBERT, Jean-Paul, *La Postérité de Robinson Crusoé : un mythe littéraire de la modernité,* 1954-1986, DROZ, Paris, 1997.

- ENGLES, F., *Le Rôle de la violence dans l'histoire,* chapitre II, III et IV de l'Anti-Dühring, Paris, Editions Sociales, 1969.

- GANDIN, Eliane, Le voyage dans le Pacifique de Bougainville à Giraudoux, Harmattan Littératures. Lieu, date ?

- GAUVIN, Lise, « Suzanne et le Pacifique : un roman utopique moderne » in *Jean Giraudoux et la problématique des genres, Cahier Jean Giraudoux* N° 20, édition Grasset, Paris, 1991.

- GENETTE, Gérard, *Palimpsestes. La littérature au second degré,* Seuil, Coll. « Poétique », Paris, 1982.

- GIRAUDOUX, Jean, *L'Ecole des indifférents*, in *Œuvres Romanesques Complètes*, tome I, éditions Gallimard, N.R.F., coll. « Pléiade », 1990.

- GOLDMANN, Lucien, *Pour une sociologie du roman*, Paris, Gallimard, 1964.

- HUGUES, Micheline, *L'utopie*, Editions Nathan/HER, Paris, 1999.

- HUNTINGTON, Samuel, *Le choc des civilisations*, traduit de l'anglais (Etats-Unis) par Jean-Luc Fidel et Geneviève Joublain, Patrice Jorland, Jean-Jacques Pédussaud, 1966.

- JOYCE, James, Œuvres, Paris, Gallimard « Collection de la Pléiade », vol. I, Paris, 1982.

- LACROIX, Jean-Yves, Un autre monde possible ? Utopie et

philosophie, Paris : Bordas, 2004.

- LATOUR, Bruno, LEPINAY Vincent Antonin, *L'économie, science des intérêts passionnés : introduction à l'anthropologie économique de Gabriel Tarde*, La Découverte.

- LAFARGUE, Laura, *Manifeste du parti communiste*, Editions sociales, Paris, 1972.

- LAPOINTE, Jean-Pierre, « Sur la piste américaine : le statut des références littéraires dans l'œuvre de Jacques Poulin », in *Voix et images*, n° 43, autonome 1989.

- LECLAIRE-HALTE, Anne, *Robinsonnades et valeurs en littérature de jeunesse contemporaine*, collection « Dialectique des textes » N°. 10, Université de Metz, 2004.

- LEDUC, Mario, « Le bonheur autrement. L'héritage décrié de Robinson Crusoé dans les grandes marées de Jacques Poulin », in *Voix et images*, vol. 26, n° 3, (78) 2001.

- LEVI-STRAUSS, Claude, « La Structure des mythes », in *Anthologie structurale*, Paris, Plon (Presses Pocket), 1990.

- LEWIS GADDIS, John, « toward the post- cold war world » Forreign affairs, 70, printemps 1991 ; Judith GoldStein et Robert O. Keohaneéd., Ideas and Foreign Policy : Belifs, institutions, and political change, Ithaca, Cornell University press, 1993.

- LOCKE, J., *Deuxième traité du gouvernement civil*, trad. Par B. Gilson, Paris, Vrin, 1977.

- MALVANO Laura, L'utopie de l'art social : SAINT-SIMON et la partie politique du nouveau système, in *L'art au XXème siècle et l'utopie*, Paris : l'Harmattan, 2000.

- MARCUSE, Herbert, *Eros et civilisation*, Boston: 1955/Paris: Minuit, 1963.

- MORE, Thomas, *Utopie*, Editions sociales, La Dispute. 1997.

- NOVALIS, *Henri d'Ofterdinger*, 2ème partie, Traduction Camus, éditions Aubier, Paris, 1946.

- PAQUOT, Thierry, *Utopies et utopistes*, Editions La Découverte, Paris, 2007.

- PERRATON, Charles, Etienne Paquette, Pierre Barette, *Robinson à la conquête du monde: du lieu pour soi au chemin vers l'autre*, Presse de l'Université du Québec, 2007.

- POULIN, Jacques, *Volkswagen Blues*, Montréal, Québec Amérique, coll. « Littérature d'Amérique », 1984.

- QUILLIOT, Roland, *Les Métaphores de l'inquiétude : Giraudoux, Hesse, Buzzati* , P.U.F., Littératures européennes, 1997.

- RICOEUR, Paul, *L'idéologie et l'utopie*, Editions du Seuil, Paris, 1997.

- ROBERT, Marthe, *Roman des origines et origines du roman*, Paris, Gallimard, Collection « Tel », 1972.

- ROUSSEAU, Jean-Jacques, *Discours sur les sciences et les arts* (1751), Paris, G.F., 1977.

- ROUVILLOIS, Frédéric, *L'utopie*, Flammarion, Paris, 1998.

- SABIROLI Lynn Salkin, *Michel Tournier, la séduction du jeu*, Editions Slatkine, Paris, 1987.

- SAINT-SIMON, « Catéchisme des industriels », in *la Pensée politique*, Aubier-Montaigne, 1979.

- SAINT-SIMON*, Du système industriel,* Paris, Renouard, 1821.

- SCHLEGEL F.*, Lucinde,* Aubier, Paris, 1943.

- TODOROV, Tzvetan, *L'esprit des Lumières,* Editions Robert Laffont, S.A., Susanna Lea Associates, Paris, 2006.

- TOURAINE, Alain*, Critique de la modernité,* Les Éditions Fayard, Paris, 1992.

- TOURNIER, Michel, « Un île déserte » signée Christian Bernard, Le Monde, 8 octobre 1982.

- WEBER, Max, L'*éthique protestante et l'esprit du capitalisme*, Paris,

Plon, 1964.

- **Dictionnaires**

- BENAC, Henri, *Dictionnaire des synonymes,* Paris, 1956.
- CHEVALIER, Jean et GHEERBARANT, Alain, *Dictionnaire des symboles,* Paris, Laffont, 1928.
- ROBERT, Paul, *Petit Robert,* Dictionnaires Le Robert, Paris, 1993.

- **Articles**

- Collectif, *Les incendiaires de l'imaginaire*, Actes du Colloque de Grenoble du 19-21 mars 1998, Lyon: ACL, 345p, 2000.
- LABORDE, Irène, « Roman d'aventures », article in www.crdp.ac-grenoble.fr.
- PERALDO, Emmanuelle, *Insularité, pouvoir et autorité dans Robinson Crusoé de Defoe*, Université de Versailles-Saint-Quentin.
- SELLIER, Philippe, « Qu'est-ce qu'un mythe littéraire ? », in Littérature N°. 55, Paris Larousse, 1982.

- **Thèses consultées**

- ALLEGRE, Christian, *Le sourcier de l'Eden : l'esthétique de l'idylle dans l'œuvre romanesque de jean Giraudoux,* thèse présentée à la faculté des études supérieures en vue de l'obtention du grade de (ph.D) en études françaises, Université de Montréal, Département d'études françaises, faculté des arts et des sciences, mai 1998.
- NICHOLSON, Karen, *Des structures mytho-initiatiques chez Michel*

Tournier, Mémoire de maitrise soumis à la Faculté des études supérieures et de la recherche en vue de l'obtention du diplôme de Maitrise es Lettres, Département de langue et littérature françaises, Université Mc Gill, Montréal, Québec, juin 1993.

- VERETTE, Mathieu, *Pour une réactualisation du mythe dans Vendredi ou les limbes du Pacifique,* Mémoire présenté comme exigence partielle de la maitrise en études littéraires, Université du Québec à Montréal, juin 2006.

- ## *Webographie*

http://fr.wikipedia.org/wiki/Mill%C3%A9narisme. Consulté le 18/11/2012.

https://fr.wikipedia.org/wiki/Dystopie. Consulté 12 juillet 2012.

www.dhdi.free.fr/recherches/gouvernances/articles/ostrobinson.htm. Consulté le 12/07/2012.

www.theses.umonteral.ca/theses/pilote/allegre/these.html. Consulté le 27 juillet 2012.

https://fr.wikipedia.org/wiki/Positivisme. Consulté le 07/04/2013.

http://en.wikipedia.org/wiki/Bildung. Consulté le 14/05/2013.

Table des matières

Made in the USA
Las Vegas, NV
13 January 2022

41375234R00115